성공의 속성

혼자 하는 게임이 아니다

성공의 속성

THE SECRET SOCIETY

SUCCESS

SPOTLIGHT MINDSET

팀 슈러 지음 | **이은경** 옮김

윌북

진정한 의미의 성공이란 무엇인지
완벽히 담아낸 책이다.
팀 슈러는 끝내 나를 변화시켰다.

———

데이비드 노백[*]
DAVID NOVAK

[*] KFC, 타코벨, 피자헛의 모기업 얌브랜드Yum! Brands
공동창업자 겸 전 회장

저드슨과 엘에게
시크릿 소사이어티의 방식대로
살아가는 법을 배우길 바라며

차례

성공의 정의를 바꾸는 슈러의 마법

10년 전 회사를 설립할 때부터 나는 팀 슈러와 함께했다. 우리는 수억 달러 매출의 사업을 함께 일궈냈다. 팀 슈러는 팀을 짜는 것은 물론 팀원들을 위한 환경을 조성하는 데 탁월함을 보여준다. 그 환경은 팀원들이 전체 임무에 제대로 기여할 수 있도록 각자의 고유한 능력과 열정을 키울 수 있는 바탕이 된다. 슈러는 승리의 유전자를 지닌 팀을 꾸리는 데 능하다.

슈러가 부리는 마법의 핵심은 바로 '승리'다. 승리한다는 게 정확히 어떤 뜻일까? 그가 생각하는 승리란 수익에 국한되지 않는다. 사람들이 팀에서 자기가 맡은 역할을 알고 탁월한 결과를 얻고자 함께 노력하는 과정도 승리다. 슈러는 사람들이 자기가 공헌한 바를 제대로 평가받고 그 가치를 존중받으며 본인이 인정받는다고 느끼도록 만든다. 슈러는 사업을 하면서 승리하는 팀을 키워낼 수만 있다면 수

익은 저절로 따라온다고 믿었다.

슈러와 나는 측정할 수 있는 분명한 목표를 세웠고 그 목표를 달성했다. 그 과정에서 내가 지켜본 슈러는 목표 달성과 팀 보호를 두고 결정을 내려야 할 때 항상 팀을 우선시했다. 일리 있는 선택이었다. 목표를 위해 팀을 불사른다면 그 목표 달성을 마지막으로 팀은 사라질 것이다.

지난 세월 동안 우리 회사가 어떻게 성장해왔는지 돌이켜보면 극복해야 했던 수많은 난관이 떠오른다. 그러나 확실한 점은 강한 기업 문화가 문제가 된 적은 한 번도 없었다는 것이다. 슈러가 있었기에 우리 팀은 행복했고 집중했으며 탁월한 성과에 전념하는 만큼 서로에게도 헌신했다.

슈러와 함께 일하는 동안 나는 함께 일하는 사람들을 배려하는 일이 업무만큼, 혹은 그 이상으로 중요하다는 사실을 배웠다. 기업 구성원이 성장하면 기업도 자연스럽게 성장하게 마련이다. 슈러가 구성한 팀은 일하면서 성장했고 그들은 성과를 냈다. 그러니 슈러의 철학을 믿을 수밖에!

이 책에는 사람들이 성장할 수 있는 환경을 만드는 비결이 담겨 있다. 이제 당신은 자신의 성장 또는 팀의 성장을 바란다면 반드시 바꿔야 할 것이 있다는 사실을 알게 될 것이다. 바로 성공, 그 자체에 대한 정의다. 우리는 이 책을 통해 성공의 놀라운 속성을 알게 될 것이다. 이제 그전의 삶으로는 돌아갈 수 없다. 당신의 진정한 '성공'을 빈다.

도널드 밀러,『무기가 되는 스토리』저자

세상엔 방법보다 중요한 것이 있다

지난 100년 동안 미국 사회 전반에 가장 큰 영향을 끼친 사람들을 한 번 떠올려보라. 마틴 루터 킹, 스티브 잡스, 오프라 윈프리, 비틀스, 버락 오바마, 제프 베이조스… 이런 이름들이 쉽게 떠오를 것이다. 하지만 이들만큼 강한 영향력을 발휘했는데도 이름 한번 들어보지 못한 사람들이 아주 많다는 사실을 알고 있는가?

'당신'도 그런 사람 중 한 명이 될 수 있다고 한다면 어떨까?

이 책에서는 인정이나 돈, 명성, 권력을 추구하지 않으면서도 진정한 성공을 이루고, 세상에 흔적을 남기며, 의미 있는 삶을 살아가는 방법을 소개한다.

오해는 하지 말자. 인정이나 돈, 명성, 권력이 문제라는 뜻은 아니다. 하지만 이런 요소들이 과연 성공을 제대로 나타내는 유일한 지표일까? 이제 성공의 속성을 정의하는 방식에 의문을 품을 때가 왔다.

- '대박'이 날 것이라는 생각만이 유일한 희망일까?
- 수백만 달러를 벌어야만 '성공했다'라고 말할 수 있을까?
- 연봉 인상이나 승진 때문에 아등바등하면서 일해야 할까?
- 타인의 주목을 받지 못하거나 회사에서 최고의 자리에 오르지 못한다면 우리 삶의 의미가 줄어들까?

직관적으로는 이런 것들만이 성공을 나타내는 유일한 지표가 아님을 알지만, 많은 사람이 매일같이 마치 그렇다는 듯이 삶을 꾸려나간다. 큰 폭의 연봉 인상이나 다음 승진, 새 차, 비싼 집을 목표로 정한다. 미친 듯이 바삐 움직이면서 기적처럼 누군가가 자기 가치를 알아봐 주기를 기도한다. 유명인과 높은 지위를 숭배하고 우리 인생이 그렇게 스포트라이트를 받는 사람들처럼 감탄의 대상이 되기 전까지는 '성공'하지 못했다고 느낀다.

그렇게 해서 우리가 얻는 것은 무엇일까?

통계를 보면 이런 삶에서 우리가 얻는 건 불안과 우울, 좌절, 피로다.[1] 우리가 찾으려는 성공과는 정반대다. 하지만 희망은 있다. 우리는 사회 전반에 깔려 있는 성공에 대한 뒤틀린 인식을 바로 잡고, 성공의 잘못된 정의를 좀 더 바람직하게 바꿀 수 있다. 새로운 성공의 정의는 우리가 이 세상에 지속적인 영향을 남기도록 할 뿐 아니라 현재 하고 있는 일을 즐기고 의미를 찾도록 돕는다. 현재 연봉이나 배경이 전혀 변하지 않아도 영향력을 미치고 성취감을 느낄 수 있게 해준다. 내가 말하려는 것의 핵심은 영향을 미치려면 무대가 아니라 마음가짐을 바꿔야 한다는 것이다. 지금부터 나는 여러분이 마음가짐을 바꿀 수 있도록 돕고자 한다.

나는 10년 가까이 『무기가 되는 스토리』, 『되는 사람』의 저자이자 스토리브랜드를 경영하는 도널드 밀러와 회사의 많은 부분을 함께 꾸려나갔다. 그 과정에서 수십 억 달러 브랜드의 임원과 중소기업 경영자들을 비롯하여, 수천 명의 사람들 앞에서 무대에 서는 사람부터 무대 뒤에서 모든 과정을 조정하는 사람들에 이르기까지 수많은 사람을 만났다. 그들과 함께 이야기를 나누면서 배운 것이 있다.

세상에는 지위나 눈에 띄는지 여부와 상관없이 두 종류의 사람들이 있다는 사실을 분명히 알게 됐다.

- 인정, 돈, 명성, 권력이 성공의 지표라고 믿는 '**스포트라이트 마인드셋**'형 인물
- 이와 다른 방식으로 성공을 정의하는 '**시크릿 소사이어티**'형 인물

나는 이 두 번째 집단에 속하는 사람들에게 계속 관심이 갔고 그들에 대해 끊임없이 질문을 던졌다.

- 인정, 돈, 명성, 권력이 최종 목표가 아니라면 무엇이 최종 목표인가?
- 가치 판단의 기준이 다른 세상에서 어떻게 하면 이에 굽히지 않

고 살아갈 수 있는가?

- 성공의 속성을 보여주는 '진짜' 지표는 무엇인가?

앞으로 이 책에서는 이런 질문들을 깊게 살펴볼 것이다. 하지만
그전에 먼저 우리가 사는 문화적 환경을 이해해야 한다. 또한 그 환
경이 어떻게 스포트라이트 마인드셋과 잘못된 성공의 정의를 만드
는지 알아야 한다.

나한테 무슨 이득이 되지?

전 세계 어디에서든 경영대학원 학생들은 잠재 구매자 대상 마케
팅에서는 "나한테 무슨 이득이 되지?What's in it for me?"(WIIFM)라는
입장에서 접근해야 한다고 배운다. 즉, 제품이나 서비스를 판매하는
마케팅 전략을 짤 때는 항상 고객의 관심사에 초점을 맞춰야 한다는
것이다. 그 제품이나 서비스의 어떤 측면이 고객에게 유용하고 고객
의 문제를 해결할까? '그것'이 무엇이든 간에 마케팅 카피에서는 그
점에 초점을 맞춰야 한다. WIIFM에 초점을 맞추지 않고서는 오늘날
시장에서 그 누구도 제품과 서비스를 판매할 수 없을 것이다.

하지만 경력을 쌓을 때 WIIFM의 태도는 여러분의 사기를 꺾고
의미 있는 공헌을 하지 못하도록 방해할 것이다. 추측컨대 이미 그렇
게 됐을 것이다.

여러분을 전혀 모르면서도 WIIFM 문화에 부정적인 영향을 받았

다고 확신하는 데는 이유가 있다. 여러분처럼 일하면서 만족하는 데 어려움을 겪고 있는 수많은 사람들과 이야기를 나눠봤기 때문만은 아니다. 이 환경이 여러분에게 영향을 미치도록 설계됐기 때문이다. 한마디로 돈이 걸린 일이라 그렇다.

상업주의가 더욱 가속화하면서 우리가 접하는 광고 수도 빠르게 증가하고 있다. 1970년대에는 하루에 500개였던 광고가 2000년대 초에는 하루에 많게는 5000개까지 급증했다.[2] 소비자 입장에서 우리 는 전례 없이 쏟아지는 광고의 '폭격'을 받고 있다.

도널드 밀러는 『무기가 되는 스토리』에서 뇌의 주요 기능 중 하나 가 생존 유지라고 설명한다.[3] 뇌는 생존하고 번창하는 데 도움이 되 지 않는 정보를 무시함으로써 신경회로를 재설계하고 '에너지'를 아 낀다. 우리 뇌는 일일이 처리하기에는 정보가 지나칠 정도로 많은 요 즘 같은 세상에서 정보 과부하 상태에 처하게 되면 우리가 한계에 도 달하지 않도록 막기 위해 작동을 멈춘다.

다시 말해 뇌는 WIIFM 관점에서 작성되지 않은 정보를 무시한다. **즉, 우리가 의도적으로 다르게 행동하겠다고 결정하지 않는 한, 뇌는 이 관점에서 결정을 내려야 하는 상황에 빠지게 되는 것이다.**

이 같은 두뇌 재설계가 구매 결정에만 국한된다고 믿는다면 어리 석은 생각이다. 사실 이런 소비자 심리는 삶의 모든 영역에서 우리 행동을 이끌어나가고 있다. 자기 자신에 대해서조차 말이다.

이런 태도는 관심과 인정을 바라는 과도한 갈망이 자라는 온상이 된다. 나아가 스포트라이트 마인드셋이 점점 커지도록 먹이를 제공하고 우리가 삶에 계속 불만을 느끼도록 유도한다. 즉, 우리의 잠재 의식 속에서 인정, 돈, 명성, 권력을 갈망하도록 이끈다.

이는 아이들의 마음에도 영향을 미칠 정도로 널리 퍼진 문제다.

유튜브 스타가 되고 싶어 하는 아이들

내 친구 브래드 몬터규Brad Montague는 인기 유튜브 영상 〈어린이 대통령Kid President〉을 만드는 사람이다. 영상을 본 적이 없는 사람들 을 위해 설명하자면 배우 로비 노백Robby Novak이 정장을 차려입은 초등학생 어린이로 나와 '대통령 집무실'에서 소소한 삶의 지혜를 알 려주는 내용이다. 영상 배경으로 등장하는 대통령 문장은 종이에 그 린 가짜지만 어린이 대통령이 집무실 책상에서 전하는 말은 감동적 이다. 첫 번째 영상 '어린이 대통령이 여러분에게 보내는 격려 연설A Pep Talk from Kid President to You'이 4500만 회가 넘는 조회 수를 기록 하면서 몬터규와 노백은 대중의 시선을 끌기 시작했다.

이후 7년에 걸쳐 그들은 인생에서 중요한 것이 무엇인지에 대해 달리 생각하도록 이끄는 수많은 영상을 만들었다. 이 영상들이 버락 오바마, 비욘세, 톰 행크스를 비롯해 그들이 인터뷰한 사람들의 관심 을 끌면서 상당한 영향력을 갖게 됐다. 〈어린이 대통령〉을 통해 수백 만 명을 격려했다고 해도 과언이 아니다.

수년 동안 그런 성공을 모방하고 싶어 하는 많은 사람들이 몬터규 에게 연락해왔다. 특히 그가 생각지도 못했던 상대, 즉 아이들에게 연락을 받는 일이 점점 많아졌다. 몬터규가 가장 많이 받는 질문이 무엇이었을까? 바로 어떻게 하면 유튜브 스타가 될 수 있는지였다. 아이들은 '유명'해지고 싶어 한다.

몬터규는 내가 아는 가장 겸손한 사람이고 관심 받기 위해 안달하지도 않는다. 그는 유명해지려고 〈어린이 대통령〉을 만든 것이 아니었다. 그저 재미있는 짧은 영상으로 아이들을 격려하고 싶었을 뿐이다. 그러다가 영상이 널리 퍼지기 시작했고 입소문을 탄 것이다. 그래서 어떻게 해야 유명해질 수 있냐는 질문을 받을 때마다 몬터규는 진심에서 우러난 하나의 대답으로 일관한다. "영상이 크리에이터인 여러분에게 무엇을 가져다줄지 그 최종 결과를 생각하는 대신, 세상에 가치를 더하는 무언가를 만드는 여정을 생각하세요. 단지 성공, 관심, 인정을 얻기 위해 유명해지려고 한다면 큰 그림은 이미 놓친 겁니다. 자기 자신만을 위해서 그 일을 한다면 애초에 잘못 생각한 거예요."[4]

기존의 사고방식에 맞서다

우리를 둘러싼 기존의 문화적 환경에 따라 행동한다면 나는 좀 더 인정받아야 한다. 더 큰 무대에 올라 남들 눈에 잘 띄게 나서는 데 더 많은 시간을 쏟아야 한다. 더 많은 사람에게 내 이름을 알려야 한다. 돈도 더 많이 벌어야 한다. 더 멋진 차를 몰고 집도 더 커야 한다. 더 좋은 동네에 살아야 한다. 내가 무엇을 할 수 있는지 사람들이 안다면 그들은 내가 마땅히 받아야 할 존경을 표현할 것이다.

이는 빠져들기 쉬운 생각이다. 솔직하게 말하면 나도 예전에는 이런 생각들을 했고 지금도 가끔 한다. 하지만 그런 생각을 할 때면 뭔가 거북한 느낌이 든다.

그런 생각을 하지 않는 날(좀 더 건전한 나날이라고 말하고 싶다)이면 나는 좀 더 겸손한 마음으로 '배경'이 되는 것이 가장 바람직하게 살아가는 방식이라고 생각한다. 누가 내 공헌을 알아봐줄지 생각하지 않고 묵묵히 맡은 일을 한다. 나 자신의 욕구보다 남들의 욕구를 먼저 생각한다. 퇴근해서 집에 가면 내가 가지지 못한 것들을 끝없이 추구하는 대신 내가 가진 모든 것에 감사한다. 흔쾌히 내 공로를 남에게 돌린다.

나는 인정을 받거나 단지 유명해지고 싶다는 이유로 성공을 좇는 것은 무의미한 삶으로 향하는 지름길임을 배웠다. 이제 여러분도 이 책을 통해 스스로 성공의 속성을 깨닫고 성공의 의미를 다시 규정함으로써 언제 '스포트라이트 마인드셋'이 커지는지 알아차릴 수 있다면 좋겠다. 그리하여 마침내 충만한 삶과 영향력 있는 커리어의 비결을 찾아낸 사람들의 공동체, 즉 성공의 시크릿 소사이어티의 일원이 되길 소망하며 그 길을 안내할 것이다.

1장

먼저 성공에 도착한
사람들

성공을 노리지 마라.

성공을 노리고 표적으로 삼을수록

성공에서 멀어질 뿐이다.

성공은 분명히 뒤따를 것이며, 이는 우리가 자기 자신보다

더 큰 대의에 헌신할 때 뜻하지 않은 결과로 따라올 뿐이다.

언젠가, 장담컨대 언젠가는

성공이 찾아올 것이다!

바로 여러분이 성공에 대해

생각하기를 잊어버렸을 때 말이다.

빅터 프랭클
VICTOR FRANKL

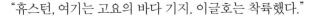

"휴스턴, 여기는 고요의 바다 기지. 이글호는 착륙했다."

닐 암스트롱과 버즈 올드린은 이 말과 함께 달 착륙선 이글호에서 달 표면으로 나와 세상에서 가장 유명한 산책에 나섰다. 다들 그 순간을 알고 있을 것이다. "그것은 한 개인에게는 사소한 한 걸음이지만 인류에게는 거대한 도약입니다." 메아리처럼 울리는 오래된 그 목소리가 머릿속에서 들려오지 않는가?

하지만 달 주변을 돌던 아폴로 11호에 그 두 사람 외에도 우주비행사가 한 명 더 타고 있었다는 사실을 아는 사람은 아마도 별로 없을 것이다. 그는 암스트롱과 올드린을 달에 내려줬지만 동료들처럼 달에 발을 내딛지는 않았다. 그 대신에 동료들이 임무를 마치고 지구로 돌아갈 준비가 될 때까지 우주 공간에서 기다렸다. 모두가 그 대망의 산책길에 나설 수는 없었다. 누군가는 아폴로 사령선에 남아 있어야 했다. 그가 바로 마이클 콜린스다.

달의 어두운 면에서

암스트롱과 올드린이 전 세계의 이목과 찬사를 받고 있을 때 콜린스는 달 주위를 돌았다. 동료들이 달 표면에서 갖가지 임무를 수행하는 동안 정확히 스물여섯 번 돌았다.[1] 암스트롱과 올드린의 그늘에서, 그리고 달의 그늘에서도 콜린스는 묵묵히 제 할일을 했다. 한 기자는 콜린스가 자신의 역할을 완벽하게 수행하는 것이 얼마나 중요했는지 명확하게 지적했다.

콜린스는 다른 동료 우주비행사들과 다른 압박감을 느꼈다. 그는 이 팀이 집으로 돌아갈 수 있는 유일한 방편이었다. 이 팀은 함께 달에 도착했다. 암스트롱과 올드린은 착륙선을 타고 달 표면으로 갔다가 돌아와야 했고, 콜린스는 사령선에서 두 사람을 내보냈다가 다시 데려와야 했다. 이 정밀한 기동 작전에서 뭔가가 잘못된다면 달 위를 걷던 두 사람은 오도 가도 못하는 신세가 됐을 것이다. 콜린스는 사령선을 지구까지 운항하는 법을 배워야 했다. 끔찍한 일이지만 혼자서 지구로 돌아가게 될 수도 있었기 때문이다.[2]

말할 필요도 없이 콜린스가 맡은 역할은 대단히 중요했다. 하지만 그가 달에 발을 디딘 것은 아니었다. 그는 지구에서 달까지 38만 4400킬로미터를 날았다. 그 기회를 잡으려고 평생 훈련했다. 그전에도 우주에 가본 적이 있었기에 아폴로 11호 임무 수행에 선발될 만한 유력한 위치에 있었다. 달 위를 걷는다는 것은 인류 역사상 가장 위대한 업적이 될 터였다. 그는 그만큼 큰 기회를 놓친 셈이다. "한 개인에게는 사소한 한 걸음…"이라는 말은 우리 뇌리에 울릴 만큼 너무나도 유명하지만, 마이클 콜린스라는 이름은 사람의 뇌리에 남지 못했다.

암스트롱과 올드린이 달에 착륙했을 때 당시 미국 대통령이었던 리처드 닉슨은 백악관 집무실에서 두 사람에게 깜짝 전화를 걸었다. 닉슨은 자신을 비롯한 미국 국민 모두가 그들이 세운 역사적인 업적에 자부심을 느끼고 있다고 말했지만 통화 중에 콜린스는 언급하지 않았다. 전 세계가 달에 발을 내디딘 우주비행사들을 칭송하는 동안 콜린스는 그늘진 곳에서 성실하게 일했다.

여러분은 마이클 콜린스에 대해 잘 모르겠지만 한 가지만은 꼭 이야기하고 싶다. 그는 자기 임무에 대부분의 사람들과 다르게 접근했다. 심지어 그의 인생에서 달 탐험은 가장 인상적인 장면이 아니다. 이 이야기는 뒤에서 자세히 하도록 하겠다.

먼저 내가 달 착륙 이야기를 꺼낸 데는 이유가 있다. 우리 중에는 닐 암스트롱과 버즈 올드린 같은 사람들도 있다. 스포트라이트를 받고 많은 관심을 모으며 수많은 사람들에게 중대한 영향을 미치는 사람들이다. 그런 분명한 의미에서 크게 성공한 사람이 있다는 사실에 반박하기는 어렵다. 정상에 있는 사람들을 보면 누구나 그렇게 되고 싶다고 느끼기 마련이고, 그러니 그들은 많은 관심을 받게 된다. 하지만 그런 식의 주목을 받지 않는 다른 종류의 성공도 있다는 사실을 잊지 말자. 어쩌면 우리는 닐 암스트롱이나 버즈 올드린보다 마이클 콜린스와 더 비슷할 수도 있다. 아무도 우리 이름을 모른다. 우리가 하는 일이 반드시 대단한 성공을 거두거나 폭넓은 관심을 모으지는 않는다. 조직에서 우리가 담당하는 역할은 중요하거나 필수적이지만 누구도 우리 이름을 입에 올리지 않는다.

여러분이 암스트롱이나 올드린과 비슷하든, 아니면 콜린스와 비슷하든 간에 우리는 성공의 정의를 넓히고 각자 자신에게 맞춰서 해석해야 한다. 그렇지 않으면 실제로는 역사에 길이 남을 일을 했으면서도 실패했다고 느끼며 평생을 살아가게 될 수도 있다. 우리가 수행한 정말로 중요한 역할을 이해하는 대신에 목표를 달성하지 못했다고 느끼면서 일생을 살아가게 될 수도 있다.

지금까지 우리는 모두가 같은 문제에 직면하고 있다는 사실을 깨닫지 못했다. 저마다 대중의 관심을 받는 정도가 다른데도 모두가 더 많은 관심을 바라야 한다고 믿었다.

더 많은 관심. 더 많은 인정. 더 많은 돈. 더 많은 '좋아요'와 더 많은 유튜브 조회 수. 조금만 손을 뻗으면 더 나은 삶을 잡을 수 있을 것만 같다. 이러한 관점의 가장 큰 문제는 결코 얻을 수 없는 대상을 끊임없이 좇으면서 비참해진다는 사실이다. 그렇다면 우리는 어떻게 해야 할까?

자신이 규정한 성공대로 살아가기

'진실성integrity'이라는 말을 들으면 사람들은 대개 도덕성이 뛰어난 사람을 떠올린다. 가치관이 선량하고 의지할 수 있는 사람을 생각한다. 하지만 이 단어에는 '내적 일관성'이라는 의미도 있다. 나는 이 의미가 좀 더 주목을 받아야 한다고 생각한다. 우리 사회는 우리에게 '스포트라이트(직업마다 그 모습은 다르겠지만)를 받으면 원했던 모든 것을 가지게 될 것'이라는 서사를 팔았다. 이것이 우리가 들어온 '성공'이다. 우리 문화는 어떤 대가를 치르더라도 정상에 올라야 한다고 강요한다. 여러분은 그런 접근법이 옳지만은 않다는 사실을 알면서도 꺼림칙한 기분의 이유를 밝혀서 없애려고 애쓰는 대신 계속 그 방향으로 나아간다. 여러분이 되고 싶은 사람과 지금 살아가는 방식이 어긋나며 마찰을 일으키고 있다. 여러분이 불편하다고 느끼는 근본적인 이유는 자신에게 행복을 주지 못하는 성공의 정의를 추구해왔기 때문이다. 그런데도 여러분은 계속 밀어붙이고 있다. 다른 선택지가 있다는 확신이 없기 때문이다.

나 역시 그랬던 적이 있다. 한때 나는 100만 달러짜리 집을 소유하는 것이 성공이라고 정의했다. 친구들이 내슈빌을 방문하면 꼭 데려가는 동네가 있다. 그 이웃 동네는 진짜 멋지다는 말로는 이루 다 표현할 수 없는 곳이다. 제일 싼 집이 100만 달러 정도이고 대부분은

200만 달러에서 300만 달러에 달한다. 나는 내슈빌을 대표하는 랜드마크인 라이먼 오디토리엄Ryman Auditorium*내슈빌에 있는 유서 깊은 라이브 공연장과 그랜드 올 오프리Grand Ole Opry*컨트리 음악 무대를 방송하는 미국 최장수 라디오 프로그램를 돌아볼 때와 똑같은 열정으로 친구들을 데리고 이웃 동네를 구경한다.

내가 좋아하는 그 동네에 집을 사고 싶어서 2주일 정도 정말 진지하게 고민한 적이 있었다. 매물이 있는지 보려고 계속해서 검색했다. 나는 나의 10년 목표를 그려보고 싶었다(나 스스로에게 그렇게 세뇌했다). 내 인생이 어떤 모습일지, 그런 집을 소유한 나를 보고 친구들이 어떤 말을 할지 상상해보았다.

사실 그런 공상은 퍽 재미있었다. 그러던 어느 날, 나는 꿈에 그리던 집으로 이사하려면 훨씬 많은 돈이 필요하다는 사실을 알았고 내가 버는 돈의 액수에 좌절을 느꼈다. '내가 어떤 기여를 하는지 사람들이 알아주기만 한다면' 같은 생각에 빠져들었다. 날이 갈수록 억울한 마음이 커졌고, 사는 게 불행하다고 느끼기 시작했다.

한동안 그렇게 시큰둥하게 지내다가, 순간 정신이 맑아졌다. 내가 그런 수백만 달러짜리 집을 원한 '이유'가 정확히 무엇인지 곰곰이 생각하기 시작했다. 온갖 명분이 떠올랐다. '우리 아이들이 더 좋은 학군에 들어가게 될 거야. 아이들을 공립학교에 보낼 수 있으니까 장기적으로 봤을 때 돈을 아끼게 되겠지. 우리는 지금 살고 있는 지역이 마음에 들고, 그 동네는 지금 사는 곳에서 아주 가깝잖아.'

이 평계들은 전부 사실이었다. 하지만 솔직히 말해서 이 중에서 그 어떤 것도 내가 그 동네로 이사하고 싶은 진짜 이유는 아니었다. 진짜 이유는? 친구들에게 성공한 것처럼 보이고 싶었기 때문이다. 100만 달러짜리 집을 소유한다면 내가 뭔가를 성취한 사람이 되는 것 같았고 따라서 중요한 인물임을 남들에게 증명할 수 있을 것만 같았다.

성취하고 싶은 줄기찬 욕구 때문인지 몰라도 때로는 일을 잘 해내고, 의미 있는 일을 하고, 팀의 일원으로 활약하고, 주변 사람들에게 봉사하는 것만으로는 충분하다고 느껴지지 않는다. 마이클 콜린스는 잊어버려. 나는 닐 암스트롱이 되고 싶다고! 주변 사람들, 특히 내가 존경하고 이미 큰 성취를 이룬 사람들에게 내가 정말 뛰어나고 경쟁력 있는 인재임을 증명하고 싶었다.

경쟁력 있는 인재임을 증명하려면 실제로 무엇이 필요할까? 마이클 콜린스에 관한 글을 읽은 이래 나는 계속해서 그 답을 고민했다. 만약 우리에게 스포트라이트가 필요하다면 달 착륙 임무 자체를 가능하게 한 마이클 콜린스는 어떻게 평가해야 할까? 어쩌면 우리가 내리는 정의를 재평가해야 할 수도 있다. 계속해서 더 좋은 집이나 차를 구매하고 SNS 팔로워 수를 늘리지 않더라도 성공을 나타낼 수 있을 것이다. 아마 성공을 잴 수 있는 뭔가 다른 방법이 있을 것이다.

진실은 이렇다. 문제는 100만 달러짜리 집을 원하는 내 '욕구'가 아니었다. 그 100만 달러짜리 집을 원한 내 '의도'가 문제였다. 나는 내면에서 일어나는 수많은 말썽을 감추고자 환상을 좇고 있었다. 멋진 집을 사서 성공한 기분을 맛보려고 했다. 그 과정에서 나는 진실하게 살지 않았다. 내적 일관성이 사라졌고, 이를 느낄 수 있었다.

부동산 매물 검색 앱을 지우고(다운로드한 앱이 3개였다) 쉬는 게 최선이라고 결정했다. 좀 더 맑은 정신으로 지난 2주 동안 100만 달러짜리 집을 검색하느라 내가 무엇을 놓쳤는지 떠올렸다. 감사하는 마음이었다. 충분히 크고 아름다운 우리 집과 성장하는 가족을 둘러봤다. 큰 목표에 너무 집착한 나머지 바로 눈앞에 있는 것들을 놓쳤고, 억울한 마음마저 들었다.

우리 집 뒤뜰에는 연못이 있다. 아주 크지는 않지만 가끔 패들보드를 띄울 수 있을 정도는 된다. 아내인 케이티와 내가 지금 사는 집을 보러 왔을 때 진입로를 걸어 들어오다가 마당에 있는 연못을 보고 입이 떡 벌어졌다. 우리는 그 연못과 주변의 평화로운 자연을 사랑하지만, 평소에는 당연하게 여기기 쉽다. 드높은 로키산맥이 남북으로 관통하는 콜로라도주에 오래 산 사람은 산을 보면서 감탄하지 않는 것과 비슷하다.

연못을 바라보며 머릿속을 괴롭힌 문제를 생각하다가 내가 건전하지 않은 사고방식에 사로잡혔다는 것을 깨달았다. 나는 '더 많이, 더 많이, 더 많이'를 외치는 세상에 귀를 기울이면서 주변 사람들을 따라잡고 싶어 하는 불행에 완전히 굴복했었다.

여러분도 분명히 더 많이 원하고, 만족하지 못하고, 다음 일을 생각하다가 현재에 집중하지 못하는 느낌에 공감할 것이다.

실제로 인생을 즐기는 모습을 상상해보자. 다음 일이나 다음 직책, 다음에 새로 시작하고 싶은 회사 물색을 멈추고, 지금 맡은 역할에 적응하며 일상에 만족한다고 상상해보자. 진실성과 감사, 휴식을 경험하는 상상을 해보자.

매일 이렇게 살아가는 사람들이 있다는 말을 들으면 여러분은 어떨 것 같은가? 그들은 이 세상에 엄청난 영향을 미치고 있을 뿐 아니라, 타인에게 깊은 영감을 주고 경쟁력까지 갖췄다. 의미로 가득 찬 삶을 살아가고 있다고 그들 스스로 말한다.

이미 서문에서 언급했지만 여러분도 그런 사람들의 삶을 본받아 살아갈 수 있으려면 그들에 대해 좀 더 많이 알아야 한다. 여러분도 이 시크릿 소사이어티의 일원이 될 수 있다.

성공의 시크릿 소사이어티

마이클 콜린스가 해낸 가장 인상적인 일은 사실 암스트롱, 올드린과 함께한 그날의 달 착륙이 아니다. 그는 자신이 정의한 성공의 의미에 따른 삶을 살아냈다. 그것은 정말이지 기적과 같은 업적이다.

마이클 콜린스가 달 탐험에서 돌아와 패배자처럼 행동했더라면 비참한 이야기가 됐을 것이다. 그가 달 착륙 임무의 스포트라이트를 훔치려고 했다면 어땠을까? "네, 우리는 달에 갔다가 돌아왔습니다. 하지만 그 고생을 했으니 나도 달 표면을 밟았다면 분명 좋았겠죠." 콜린스에게도 달에 착륙할 기회는 충분히 있었으니 그가 달 표면을 걷지 못해 억울한 마음을 이런 식으로 표현했다고 해서 그를 정말로 비난할 사람이 있었을까? 지극히 인간적인 반응이었을 것이다. 하지만 그는 전혀 그렇게 하지 않았다.

마이클 콜린스는 스스로 정의한 성공의 의미를 굳건하게 지켰다. 콜린스는 자기가 맡은 일이 어떤 가치를 지니는지 알았고, 그 임무를 훌륭하게 해내는 데 집중했으며, 카메라가 자신을 향하지 않을 것을 알면서도 자기 역할을 받아들였다. 콜린스는 자기가 이룬 성취를 돌이켜 보며 "나는 달 탐험에서 내가 맡은 임무, 내가 수행한 역할에 더할 나위 없이 만족했습니다. 임무를 성공시키려면 세 명의 역할이 모두 필요했어요"라고 말했다.[3] 놀라운 지혜와 성숙함, 자신감, 겸손이 있어야만 이렇게 인정할 수 있다. 콜린스는 자기 일을 수행하고 잘 해내는 데 만족했다.

이렇게 행동해서 얻는 보상은 명성이나 주변의 관심이 아니었다. 더 큰 임무에 공헌할 수 있는 특권이었고, 그런 일을 기꺼이 하는 사람이 그런 특권을 얻을 수 있다. 콜린스는 공적을 뽐내려는 사람이 아니었고, 대의와 모든 사람의 기여를 이해했다.

마이클 콜린스처럼 행동한다면 어떻게 될까? 달에 가는 것처럼 대단한 업적을 이루고도 요란한 관심을 얻는 데 신경을 쓰지 않는다면 어떻게 될까?

사실 잘 와닿지는 않는다. 많은 사람들이 좀 더 눈에 띄는 자리를 차지해야 최대한 빨리 성공할 수 있다고 믿기 때문이다. 그런데 따지고 보면 내가 아는 사람들 중에는 다른 사람들의 시선을 사로잡을 만한 역량을 지녔으면서도 겸손함과 영향력을 잃지 않은 채 세상을 바꾸는 사람들도 많다. 그중에서도 내가 가장 존경하는 사람들에게는 공통점이 있다. 바로 마이클 콜린스와 같은 '태도'다.

제임스 히가James Higa가 바로 그런 사람이다. 어떤 이들은 히가를 가리켜 '닌자'라고 부른다. 이는 애플이 아이튠즈를 비롯한 일급 기밀 프로젝트를 출시하는 과정에서 그가 은밀한 전술을 사용했기 때문이다. 히가는 스티브 잡스의 최측근으로 일하면서 오랫동안 잡스를 대신해 회의에 참가하고 협상을 했다. 애플이 음악 산업에 진출한다는 사실을 극비에 부치기 위해 음반사 임원들과 회의를 할 때마다 히가가 화물용 엘리베이터를 탔다는 이야기는 유명한 일화다. 당연한 말이지만 잡스에게는 믿을 수 있는 사람이 필요했고, 대단히 유능하고 신중한 직원들 없이는 애플을 경영할 수 없었다. 잡스에게 히가는 그런 사람이었고, 히가는 그 역할을 '특별 작전'으로 받아들였다.[4] 히가는 애플에서 가장 영향력 있는 사람 중 한 명이었지만 계속해서 자기 존재를 숨겼다. 히가의 한 친구는 내게 "그는 잡스를 위대한 인물로 만들려고 10년 동안 투명 인간으로 지냈어요"라고 말했다.

비올라 스폴린Viola Spolin 역시 방송을 많이 타지는 않았지만 미국 대중문화에 대단히 큰 영향을 미친 인물이다. 그의 이름을 들어보지 못한 사람이라도 〈새터데이 나이트 라이브SNL〉는 분명히 들어봤을 것이다.

스폴린은 1930년대와 1940년대에 연극 감독으로 일하면서 배우들에게 현재 순간에 초점을 맞춰 실생활에서 자기 역할을 수행하듯이 즉흥적으로 행동해보라고 권했다. 스폴린은 이 방식을 가리켜 '연극 게임theater game'이라고 칭했다.[5]

몇 년 뒤에 스폴린의 아들이 시카고에 세컨드시티The Second City 라는 극장을 열었다. 그는 어머니의 도움을 받아 연극 게임을 즉흥 연극에 적용했고, 오늘날 우리가 알고 있는 즉흥 코미디를 만들어냈다. 지난 40년 동안 세컨드시티는 SNL에서 크게 성공하고 싶어 하는 배우들의 요람 역할을 했다.

비올라 스폴린의 업적이 없었다면 지금과 같은 현대 즉흥 연극도, 세컨드시티도, SNL도 없었을 것이다. 스티브 카렐부터 빌 머레이까지 세컨드시티와 SNL 출신 배우들 역시 주목받지 못했을지 모른다. 그런데도 스폴린의 이름을 들어본 사람은 많지 않다.

콜린스와 히가, 스폴린의 공통점은 무엇일까? 그들은 차세대 거물이 되겠다고 아등바등하지 않았다. **자기가 맡은 역할을 충실히 받아들이고 그 안에서 재능을 꽃피웠으며, 그 결과 자기 업계에서 크나큰 영향력을 발휘할 수 있었다.**

그들은 성공을 남들과 다르게 정의하는 시크릿 소사이어티의 일원이다. 그들은 살아가면서 남의 관심이나 인정을 바라지 않는다. 그들은 열심히 일하고 중대한 업적에 기여하며, 이기심에 지지 않고 다른 사람들을 뒷받침한다.

성공의 시크릿 소사이어티에 들어가고 싶다면 대부분의 사람들과 다르게 생각하고 행동하는 법을 배워야 한다. 앞으로 나는 더 많은 시크릿 소사이어티 구성원들의 이야기를 들려줄 것이다. 그들이 내게 영감을 주었듯이 당신에게도 영감이 되기를 바란다. 그들의 선례를 따라가면서 내 삶은 계속 나아지고 있다.

우선 시크릿 소사이어티 구성원은 다음과 같은 특징이 있다.

- 성공을 스스로 규정하고 그 안에서 보람차게 살아간다.
- 일에서 충실한 성취감을 느끼며 이 감정은 타인의 인정이나 외부의 평가에 크게 좌우되지 않는다.
- 남들이 이기도록 돕는다.
- 업계에서 가장 열심히 일하고 야망이 넘치는 사람이다.
- 주변 사람들이 참여하는 프로젝트가 더 성공하도록 만든다.
- 스포트라이트를 받으면서 성공할 수 있지만 무대 뒤에서 활약하는 역할이라도 개의치 않는다.
- 봉사자의 마음가짐으로 늘 목적 지향적이다.
- 남들이 나에게 무엇을 해줄 수 있는지보다 내가 남들에게 무엇을 해줄 수 있는지에 더 관심이 많다.

간단해 보이지 않는가? 하지만 이런 삶의 방식을 택하고 기꺼이 하려는 사람은 아주 드물다. 만약 당신이 이를 선택한다면 지금까지와는 완전히 새로운 방식으로 살게 될 것이다.

세상이 우리에게 제시하는 성공의 모습은 이기적이다. 하지만 동시에 자연스럽기도 하다. 우리는 자신의 욕구에 휩싸여 발버둥 치면서 이 세상에 태어난다. 배불리 먹을 때까지 운다. 원하는 것을 손에 넣을 때까지 요구한다. **하지만 어른이 된 이후에는 남들을 생각하고, 의미 있는 기여를 하는 법을 배워야만 성취감을 느낄 수 있다.**

다시 정상 궤도로

내가 성공을 정의하는 방식은 지난 몇 년 동안 꽤나 큰 폭으로 바뀌었다. 앞에서 말했듯 100만 달러짜리 집을 사려는 꿈을 꾸었고, 존 메이어 같은 위대한 가수가 되겠다고 굳게 결심했던 때도 있었다. 이 제 내게 성공이란 더는 명성이 아니다. 직함이나 연봉도 아니다. 끊임없는 인정도 아니다. 특정 지역에 있는 집도 아니다. 지금 나에게 성공이란 어떤 상황에 처하든 시크릿 소사이어티의 방식으로 살아 가는 것이다.

시크릿 소사이어티의 마음가짐을 갖기란 쉽지 않기에 이를 완벽 하게 이행할 수 있는 사람은 거의 없다. 오랫동안 수련한 사람들도 가끔은 동요하게 된다. 장담컨대 마이클 콜린스도 아폴로 11호 임무 를 수행하는 동안 매일 매 순간 지극히 건전한 사고방식을 굳게 지 키지는 못했을 것이다. 나 역시 궤도에서 벗어날 때가 있다. 매 순간 '나는 정말 만족해. 내가 여기에 얼마나 공헌했는지 딱히 남들이 몰 라도 상관없어'라고 생각하지는 않는다. 가끔씩은 '내 공로를 조금 더 인정받았으면 좋겠어'라고 생각한다. 그러다가도 시크릿 소사이 어티의 방식으로 사는 법을 내게 가르쳐준 멘토들에게서 다시 자극 을 받곤 한다. 그렇게 정상 궤도로 돌아갈수록 더 평화로워진다. 또 한 내 삶에 무엇이 부족한지 끊임없이 찾는 대신에 감사하는 마음을 갖게 된다. 만족하고 성취감을 느끼는 시간이 더 많아진다면 좋지 않을까?

시크릿 소사이어티의 방식으로 살아가기

✦

성공을 다시
정의하자

다른 사람들이
이기도록 돕자

스포트라이트를
추구하지 말자

성공은 조력에
있다

과정에 초점을
맞추자

다른 사람들을
인정하자

한 번에
한 인생씩

나는
누구를 위해
여기에 있을까?

소방관의
태도로
살자

누가 공로를
차지하든
상관하지 말자

무대는
필요하지
않다

다른
사람들에게
봉사하자

충분히 가능한 일이다. 나는 그 방법을 여러분에게 보여줄 수 있다. 하지만 싸우지 않고는 얻을 수 없다. 우리는 스포트라이트 마인드셋이라는 힘겨운 도전자와 맞서야 한다.

2장

길을 잃게 하는 길이 있다

나는 모두가 부자가 되고 유명해지고

꿈꿔왔던 모든 일을 해야 한다고 생각합니다.

그러면 그게 정답이 아니라는 걸

알 수 있을 거예요.

짐 캐리
JIM CARREY

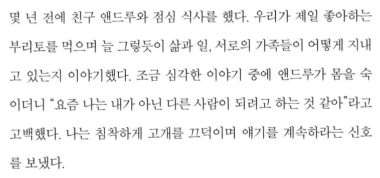

몇 년 전에 친구 앤드루와 점심 식사를 했다. 우리가 제일 좋아하는 부리토를 먹으며 늘 그렇듯이 삶과 일, 서로의 가족들이 어떻게 지내고 있는지 이야기했다. 조금 심각한 이야기 중에 앤드루가 몸을 숙이더니 "요즘 나는 내가 아닌 다른 사람이 되려고 하는 것 같아"라고 고백했다. 나는 침착하게 고개를 끄덕이며 얘기를 계속하라는 신호를 보냈다.

앤드루가 열여섯 살이었을 때 좋아하던 가수의 콘서트에 갔다가 흠뻑 빠져 돌아왔다. 그 순간 그는 '나도 저걸 해야겠어'라고 생각했다. "나는 무대 위에 서는 사람이 될 운명이야"라고 외쳤다.

음악가가 되는 여정에 나선 지 15년째 되던 해에, 앤드루는 한계에 도달했다. 그는 계속해서 자기 자신을 남들과 비교했고, 아무리 노력해도 음악계에서의 성공이 손에 잡히지 않는다고 느꼈다.

당시 앤드루는 술을 끊은 지 10년이 넘은 상태였다. 그래서 그가 "뭔가 바꾸지 않으면 다시 술에 입을 댈 것 같아. 공황 발작이 심해서 정신이 오락가락해. 죽을 것 같아"라고 말했을 때 나는 그가 우울의 나락으로 떨어지고 있다고 느꼈다.

놀랍게도 이 일은 상황이 앤드루에게 더없이 좋았던 때에 일어났다. 겉보기에 그의 앞에는 탄탄대로가 펼쳐진 것 같았다. 그는 투어를 돌고 있었고 하룻밤에 티켓 수백 장을 팔았다. 운영팀, 예약 대행, 음반사가 그를 지원했다. 아름다운 아내가 있었고 친구들에게 사랑받았다.

하지만 그의 내면은 비교라는 덫에 걸려 허우적대고 있었다. 비교 상대가 누구든 그 사람보다 못하다는 생각이 들었다. 어떤 차트에 올라도 자기가 있어야 할 위치에 못 미친다고 느꼈고, 삶의 전부를 그 대가로 치르고 있었다. 아내와 함께 집에 있을 수 있는 시간이 거의 없었다. 잠도 잘 수 없었다. 때로는 스트레스와 불안이 견딜 수 없을 만큼 심했고, 이렇게 살아서는 안 되겠다고 생각했다. 그는 "내가 지금 하고 있는 것과 정반대로 살아야겠어. 계속 아슬아슬하게 버티고 있고, 이건 사는 게 아니라는 생각이 들기 시작했어. 더는 이렇게 아등바등하지 않아도 되게 차라리 다른 일을 해야겠어"라고 말했다.

정말 놀랍게도 앤드루가 쭉 이런 식이었던 것은 아니었다. 음악이 비교의 대상이 아니라 열정이었던 때가 있었다. 그에게 음악은 표현 수단이었다. 안식처이자 탈출구였다.

앤드루는 오랫동안 노력한 끝에 직업 뮤지션이 됐다. 그렇다면 그는 왜 자신의 꿈을 버릴 생각까지 하게 된 걸까?

우리를 끌어내리는 마음가짐

마이클 콜린스 같은 태도와 관점은 지배적인 문화에 어긋난다. 직관에도 어긋난다. 시크릿 소사이어티 방식은 우리가 자연스럽게 할 수 있는 행동이 아니다.

보통 우리가 기본적으로 보이는 마음가짐은 스포트라이트 마인드셋Spotlight Mindset이다. 이 마음가짐은 오로지 관심, 칭찬, 명성, 직함만이 중요하다고 말한다. **스포트라이트 마인드셋은 우리가 뭔가를 이룰 때까지는 행복하지 않을 것이라고 말한다.** 대박을 터트릴 때까지. SNS 팔로워가 늘어날 때까지. 영상 조회 수와 댓글이 늘어날 때까지. 파격 승진할 때까지. 때까지. 때까지. 때까지. 이런 자세가 우리 삶을 망칠 수 있다. 이런 마음가짐을 알아차리는 법을 배우고 이에 맞서 싸우고자 노력하지 않으면 스포트라이트 마인드셋이 우리를 잠식하기 시작할 것이다.

스포트라이트 마인드셋을 간단하게 정의하자면 '관심과 인정만을 바라는 건전하지 않은 욕망'이다.

스포트라이트 마인드셋은 어디에서 비롯될까? 사실상 모든 곳이라고 할 수 있다. 이 마음가짐은 문화 전반에서 아주 다양한 방식으로 나타난다. 사람들이 소셜미디어를 활용해 성공한 자기 모습을 전시하는 방식, 인플루언서 문화가 유행하는 분위기, 유명한 계정이 되겠다는 집착에서 이를 볼 수 있다. 중요한 사람이라는 인정을 받지 못하면 자신이 하찮다고 느낀다. 따라서 팔로워와 좋아요 수를 늘리려고 자기 자신을 브랜드화하는 특별한 방법을 찾고자 애쓴다.

이런 경향은 게임 프로그램과 경쟁 유도 프로그램에서도 볼 수 있다. 모두가 15분간의 명성, 빨리 정상에 오르는 방법을 찾는다. 〈아메리칸 아이돌〉, 〈더 보이스〉, 〈마스터 셰프〉 같은 프로그램 역시 스포트라이트 마인드셋을 키운다. 자기 안에 대단한 재능이 있지만 아직 알아봐주는 사람이 없을 뿐이라고 말한다. 스포트라이트 마인드셋은 그런 서사의 중심으로 들어가 여러분이 얼마나 재능 있고 성공할 수 있는지 보여주기 위해 필요한 일을 하라고 말한다.

스포트라이트 마인드셋은 사람들의 태도에서도 나타난다. 결코 현재에 만족하지 않고 항상 더 많이 손에 넣으려고 아등바등한다. 대단한 사람이 되려면 무조건 출세를 하거나 직접 회사를 차려야 한다는 생각에서도 찾아볼 수 있다. 항상 분주하게 움직이거나 자신의 성공을 남들에게 과시하겠다는 생각이 불러오는 초조함에도 있다. 몇 단계를 건너뛰고 즉시 성공을 경험할 수 있으며 동시에 남들에게 존경과 감탄을 얻겠다는 생각에도 있다.

스포트라이트 마인드셋은 사람마다 다르게 나타나고, 이런 사고는 아주 다양한 방식으로 온갖 문제를 일으킨다. 스포트라이트 마인드셋에 사로잡힌 사람들이 보이는 주요 증상은 다음 여섯 가지다.

1. **분투**: 삶에 만족하고자 고군분투하는가? 그런 마음에, 쉴 새 없이 더 많은 것을 손에 넣고자 애쓰진 않는가?

2. **비교**: 다른 사람이 되고 싶다고 생각하거나 자신의 성공이 다른 사람과 견줄 만한지 궁금한가? 자신에게 방해가 될 정도로 질투가 나는가?

3. **망가진 관계**: 삶에서 무엇보다도 돈이나 명성, 지위가 더 중요한가? 그로 인해 인간관계가 나빠지고 있는가?

4. **실패할지도 모른다는 두려움**: 삶과 일에서 성공하려면 정상에 이를 때까지 순조로운 여정이 이어져야 한다고 생각하는가? 그 과정에서 실패하거나 고군분투한다면 자기 이미지가 항상 승리하지 못한 사람으로 굳어질까 봐 걱정하는가?

5. **확인 갈구**: 다른 사람이 여러분이 한 일을 인정하고 찬성하기 전에는 불만족스러운가?

6. **영향력 추구**: 의미 있는 삶을 살려면 더 큰 무대가 필요하다고 생각하는가?

위 목록을 읽을 때 어떤 항목이 눈에 띄었는가? 삶에서 일어나고 있는 증상이 있는가? 친구와 가족에게 연봉을 자랑한 적이 있다면 그것이 바로 스포트라이트 마인드셋이다. 누군가의 관심이나 감탄을 얻으려고 유명한 지인의 이름을 들먹인 적이 있다면 그것 역시 스포트라이트 마인드셋이다. 친구들에게 강한 인상을 남기고 싶은 간절한 마음에 지금 하고 있는 멋진 프로젝트를 떠벌리며 자신의 존재를 과시했는가? 다른 사람보다 더 대단해지겠다는 시도가 바로 스포트라이트 마인드셋이다.

몇 년 전에 공항을 걷다가 어떤 젊은 여성이 친구에게 "나는 그냥 유명해지고 싶어"라고 말하는 것을 들었다. 친구는 "어떤 분야에서 유명해지고 싶어?"라고 물었다. 그 여성은 고개를 뒤로 젖히더니 "그런 건 상관없어"라고 말했다.

이 이야기는 요즘의 현실을 잘 보여준다. 사람들은 대부분 어떻게 혹은 왜 유명해지고 싶은지 상관하지 않는다. 그냥 최종 결과만을 원한다. 남들이 감탄하는 직함, 좀 더 많은 관심과 인정을 간절하게 원한다. 모든 곳에서 즉시 신용과 신뢰도를 얻을 수 있는 능력을 원한다. 남들이 자기가 중요한 사람이라고 생각하기를 바란다. 하지만 자기가 이 세상에 어떤 공헌을 하고 싶은지, 자기 자신이 어떤 사람인지는 모른다.

여러분에게 경고하고 싶다. 스포트라이트 마인드셋은 결코 우리를 성공으로 이끌지 않는다.

구멍에 갇히다

나 역시도 끊임없이 스스로를 돌아보지 않는다면 스포트라이트 마인드셋에 빠질 수 있다. 몇 년 동안 우리 회사는 업계 기업들로 구성된 협회의 소속이었다. 그 협회는 연례 회의를 주최했고 회의에 참석한 우리는 모범 사례를 공유할 기회가 있었다.

회의 주최 측은 회사 수익을 기준으로 토론 그룹을 짰다. 비슷한 수익 집단에 속한 사람들이 비슷한 난관을 겪을 가능성이 높다는 논리였다. 예를 들어 수익이 100만 달러 미만인 기업의 창업자들은 현상 유지를 위해 애쓰고 성장과 통제 중 하나를 택해야 한다고 여긴다. 하지만 수익이 2000만 달러인 기업들은 전혀 다른 고민을 한다. 그들은 완전히 다른 모습을 보여주려고 고군분투하고 새로운 제품과 서비스로 혁신을 모색한다. 또한 회사의 여러 팀들이 좀 더 유기적으로 협력할 수 있는 방법을 강구하고자 할 것이다.

개념상으로는 이런 분류가 이해되지만, 연례 회의에 참석하는 내내 나는 우리 회사 수익이 이름표에 적혀 있는 듯한 기분이 들었다.

게다가 나 역시 그렇게, 그러니까 내 수입에 따라 대우받는다는 기분이 들었다. 이 연례 회의에 참여하면서 매년 좀 더 수익이 높은 토론 그룹에 들어가고 싶은 욕심이 생겼다. 회사 수익이 급격하게 증가하면 그 집단 안에서 꽤나 화제가 됐다. 나도 그들처럼 모두의 존경을 받고 싶었다.

운 좋게도 우리 회사는 몇 년 연속으로 제법 빠르게 성장했고 바라던 일이 일어나기 시작했다. 나는 매년 사람들의 존경을 얻었다. 적어도 나는 그렇게 느꼈다. 그 기분은 중독성이 있었고 나는 존경을 갈망하기 시작했다. 그런 갈망이 건전하지 않다는 사실은 알았다. 내가 고수익 기업들 사이에 끼고 싶었던 이유는 그들에게 배울 기회를 얻을 수 있기 때문이 아니었다. 그보다는 높은 자리에서 낮은 수익의 기업들을 몰래 깔보는 기회를 얻으려는 쪽이 더 가까웠다.

갑작스레 내 정체성에 회사 수익의 탈이 씌워졌다. 하지만 이런 태도가 겉으로 드러나지는 않았다. 내 문제는 내부에서, 내 가슴과 마음의 자세에서 일어나고 있었다. 나는 스포트라이트 마인드셋에 갇혔던 것이다.

방식은 다르지만 지난주에도 나는 이렇게 하고 말았다. 하고많은 사람 중에 할머니와 이야기를 하다가 할머니가 감격하는 모습을 보고 싶었다. 나는 우리 회사가 어떻게 성장했으며 직원 수가 얼마나 되는지 자랑스럽게 떠들어댔다. 대체 왜 그 이야기를 해야겠다고 느꼈을까? 아마도 할머니가 내 인생이 흥미진진하다고 생각하고, 나를 좀 더 높게 평가해주기를 바랐던 것 같다(어처구니가 없는 소리다).

아버지가 돌아가시기 전에는 내가 직장에서 얻은 기회들을 아버지께 이야기했던 기억이 난다. 유명 브랜드 관련 프로젝트에 참여했다고 하면 아버지가 나를 더 자랑스러워할 것 같았기 때문이었다(이는 사실이 아니다).

누구나 좀 더 많은 관심과 인정을 받으려고 애쓰기 마련이다. 여러분 중에는 질투심과 스트레스에 시달리고 남들과 비교하다 지쳐 한계에 다다른 사람도 있을 것이다. 대체 인생이 어디로 향하고 있는지 알 수 없고 길을 잃은 듯한 기분이 들기도 한다. 아니면 우리 대부분 그렇듯 기진맥진한 상태일 수도 있다. 정상으로 오르는 등산에 지쳤고, 더는 남은 것이 없다. 애초에 등산을 시작한 동기가 무엇이었든 이제는 시큰둥하다. 솔직히 가끔은 나 자신이 누구인지도 모르겠다. 우리가 스스로 만들어 나가려고 했던 삶은 이런 것이 아니다.

사실 스포트라이트 마인드셋은 훨씬 더 슬그머니 여러분을 잡아당길 때가 많다. 여러분과 가까운 사람이 성공했을 때나 여러분이 불만을 느끼기 시작했을 때, 혹은 다음 승진 기회나 더 좋은 일자리라는 유혹으로 거짓을 속삭이기 시작한다. 처음에는 알아차리지 못할 수도 있지만 조금 지나면 부정적인 영향을 경험하기 시작한다. **그 공간에 너무 오랫동안 머무르게 되면 스포트라이트 마인드셋이 여러분이 만들어나갈 수 있는 영향력을 발휘하지 못하도록 방해한다.**

스포트라이트 마인드셋은 초조함, 조바심, 불만이라는 깊은 감정을 너무나 쉽게 만들어낸다. 마치 구멍 속에 갇혀 어떻게 해야 나갈 수 있는지 모르는 기분이다.

긴장 속에 살아가기

이 모든 것을 마법처럼 고칠 수 있다면 정말 좋겠지만 그런 방법은 없다. 그런 묘책은 없다. 스포트라이트 마인드셋과 싸우기란 목록을 만들어서 하나씩 달성하며 다음으로 넘어가는 과정이 아니다. 매일 겪어나가는 투쟁이다.

스포트라이트 마인드셋을 그냥 방치하면 결국 인생을 망가뜨릴 것이다. 하지만 이를 해결할 수 있는 문제, 완전히 고칠 수 있는 대상으로 보지 않기로 하자. **그 본질이 무엇인지 알아채야 한다. 이는 관리해야 하는 긴장감이다.** 야심과 만족, 명성과 은둔 중 양자택일이 아니다. 둘 사이의 줄다리기다.

몇 년 전에 내 친구 팀 아널드가 이 같은 '긴장 속에 살아가기' 패러다임을 잘 설명하는 멋진 책 『건강한 긴장감의 힘』을 내놓았다.[1] 긴장감의 기본 개념을 이해하는 데는 이 호흡만 한 선생님이 없다. 우리는 끊임없이 숨을 들이쉬고 내쉰다. 숨을 들이쉬기만 한다면 생존할 수 없다. 긴장감도 마찬가지다. 양자택일이 아니라 줄다리기다. 가장 바람직한 상태를 달성하려면 인생의 밀고 당기기, 들이쉬기와 내쉬기를 오가는 긴장 속에 살아가야 한다.

우리 주변에는 온통 긴장감이 맴돈다. 이때 우리가 저지를 수 있는 가장 큰 실수는 그런 긴장감을 해소할 수 있다는 믿음이다. 아널드는 한쪽으로 몸을 돌려 문제를 바로잡으려고 하는 순간, 다른 쪽을 잘못 관리했다는 사실을 깨닫게 될 것이라고 말했다.

승진을 하거나 승진을 바라는 것은 잘못이 아니다. 사실 건강한 것들은 성장한다. 즉, 건강하다면 자연스럽게 더 큰 성공을 거둘 수 있을 것이다. 억지로 무리하거나 해내려고 할 필요가 없다. 상관이나 팀장이 되는 것도 나쁘지 않다. **야망을 버리라는 말이 아니다. 확실히 짚고 넘어가겠다. 야망은 훌륭한 자질이다. 여러분의 인생을 엇나가게 하는 것은 그런 직책이나 직함에 따르는 권력을 바라는 건전하지 않은 욕망이다.**

'건전하지 않은' 마음을 알아차리는 것이 중요하다. 100만 달러짜리 집을 소유하거나 그런 집을 살 수 있는 재력 자체는 아무런 문제가 되지 않는다. 그런 집들과 동네에는 중요한 일을 하는 훌륭한 사람이 많이 살고 있다. 문제는 그런 집에 대한 내 집착, 그런 집을 사면 사람들이 나와 내 성공에 대해 느끼는 바가 달라질 것이라는 느낌이었다. 알아주기를 바라는 마음 역시 잘못이 아니다. 인정받고 싶은 욕구는 바람직한 동기에서 비롯된다. 우리는 모두 우리 삶에 의미가 있기를 바란다.

위안이 될 만한 소식이 있다. 시크릿 소사이어티 방식은 삶과 일에서 갈망하는 영향력을 갖는 길이다. 그것을 포기할 필요는 없다 (하지만 이 책을 다 읽을 때쯤이면 아마도 여러분은 '영향력'을 지금과 다소 다르게 정의할 것이다). 지금보다 더 많이 인정받고 싶다면? 그 문제도 뒤에서 다룬다.

이 책 전반에 걸쳐 '스포트라이트 마인드셋'과 '시크릿 소사이어티의 방식'을 있는 그대로, 즉 관리해야 하는 긴장감 차원에서 접근하는 법을 배우게 될 것이다. 우리는 시크릿 소사이어티의 방식대로 살아가고자 노력할 수 있지만 때로는 그 스펙트럼의 반대편에 선 자신의 모습을 보게 된다. 이렇게 새로운 방식으로 살아가려면 연습이 필요하다. 어느 날 갑자기 잠에서 깨면 저절로 되는 일이 아니다. 사실 이 일에는 결승선이 없다.

우리는 건강한 마음가짐으로 불건전한 마음가짐에 맞서 싸울 것이다. 시크릿 소사이어티의 방식을 알아가다 보면 주변에서 이렇게 살아가고 있는 사람들을 알아보기 시작할 것이다. 직장에서도 보게 될 것이다. '어디에서나' 볼 수 있을 것이다.

이보다 더 중요한 일은 없다. 앤드루는 스포트라이트 마인드셋 때문에 목숨을 잃을 뻔했다. 괜한 호들갑이 아니라 이 문제가 얼마나 중요한지 말하고 싶은 것이다. 이런 마음가짐의 방식에 따라 불안과 공황 발작을 겪고, 매일 같이 즐거움이나 조금의 열정도 없이 일할 수도 있는 것이다.

무척이나 단순한 일처럼 보이지만 마음가짐을 바로잡음으로써 일어나는 파급 효과는 자기 자신은 물론, 친구와 가족, 동료, 공동체에 이르기까지 우리 주위에 있는 모든 사람을 바꿀 것이다.

그렇다면 우리는 어떻게 해야 스포트라이트 마인드셋을 피하고 순리대로 살아갈 수 있을까?

탈출용 사다리

앤드루의 이야기는 꿈, 열정으로 시작했다. 하지만 15년 동안 그는 그 꿈을 '경험'하지 못했다. 자기가 '해냈다'라고 느끼지 않았다. 아무리 열심히 노력해도 다음 히트곡을 써야 했고, 새로운 팬을 얻어야 했다. 스타가 되기 위해 아등바등해야 했다. 그러다 보니 점점 망가지고 있었다. 앤드루는 내게 "유명해지고 눈에 띄고 의미 있는 사람이 되고 싶다는 마음이 너무나 절박하다 보니 말 그대로 공황에 빠졌어. 안절부절못하고 잠을 제대로 못 자. 내가 될 수 있을 거라고 생각했던 이 꿈을 이제 따라갈 수가 없어"라고 말했다.

이렇게 바닥을 쳤을 때 앤드루는 꿈에서 벗어나겠다는 과감한 결정(정말 부득이하게)을 내렸다. 그는 곡을 쓰거나 녹음하거나 투어를 하지 않는 현실을 받아들이기 시작했다. 그는 삶에 다가서는 새로운 접근법을 배워야 했다. 지금 그가 살아가고 있는 방식이 심각한 붕괴를 향해 가고 있었기 때문이다.

이제 앤드루와 점심을 먹은 지 몇 년이 지났다. 지금 현재 앤드루의 삶에서 불안과 공황, 절박함이 사라졌다. 그는 완전히 다른 사람이 됐다. 그는 자기가 정말로 어떤 사람이 되고 싶은지 찾는 여정에 나섰고, 그 과정에서 자유를 얻었다.

정말 놀라운 사실은 그 여정이 앤드루를 다시 그의 꿈으로 이끌었다는 점이다. 얼마 전에 또 함께 점심을 먹는 자리에서 그는 "요즘 천천히 음악을 다시 시작하고 있어"라고 얘기했다. 이번에는 성공이 그를 규정하도록 내버려두지 않았다는 점이 달랐다. "음악을 빼고 내가 누구인지 탐색하다 보니까 통찰력이 생겼어. 자유는 목표와 꿈을 달성하는 데 있지 않더라. 새로운 목표와 꿈을 채울 공간을 만들 수 있도록 그런 목표와 꿈을 풀어줄 때 비로소 자유가 찾아오더라고."

앤드루는 꿈에 대한 새로운 동기와 성공을 정의하는 새로운 방식을 찾았다. 더는 인정받겠다는 생각으로 음악을 하지 않았다. 스스로에게 뭔가를 강요하거나 자기가 아닌 다른 사람이 되려고 애쓰지 않았다. 그의 정신 건강은 완전히 새로운 차원으로 들어섰다.

당신의 삶에도 불안하고 평온하지 않은 영역이 있는가? 어쩌면 아무리 열심히 일해도 스스로 정한 기대치에 부응할 수 없다고 느낄 수도 있다. 끊임없이 사람들에게 깊은 인상을 남기려고 애쓰는데도 보람이 없다고 생각할 수도 있다.

어떤 사람이든지 삶은 힘들다. 진이 빠진다. 다른 사람들이 당신이 원하는 것을 갖고, 심지어 마땅히 당신의 몫인 공로와 인정까지 가져가 버리는 때가 수없이 많다. 인생에는 도움이 필요하다.

앞으로 나는 스포트라이트 마인드셋에 맞서 싸우는 데 필요한 도구를 소개할 것이다. 나는 이 모든 교훈을 시크릿 소사이어티 회원들에게 배웠고, 그 도구들은 제대로 효과를 발휘했다. 내가 그 도구들을 소개할 것이고, 이 도구들은 당신이 구멍에 빠질 때마다 빠져나가기 위한 사다리가 되어줄 것이다. 그리고 연습을 한다면 훨씬 더 빨리 사다리를 오르는 법을 배울 것이다.

3장

질문에 답할 수 없다면
보여주면 된다

팀 동료들이 당신을 위해

무엇을 해줄 수 있는지 묻지 말고,

당신이 팀 동료들을 위해

무엇을 할 수 있는지 물어라.

✦

매직 존슨
Magic Johnson

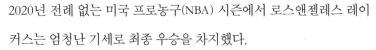

2020년 전례 없는 미국 프로농구(NBA) 시즌에서 로스앤젤레스 레이커스는 엄청난 기세로 최종 우승을 차지했다.

당시 스포츠계가 대부분 그랬듯이 NBA 역시 시즌을 제대로 마치지 못할 위기였다. 2020년 3월 11일, NBA 총재 애덤 실버는 최소 30일 동안 경기가 중단될 것이라고 발표해 농구팬들을 충격에 빠뜨렸다. 얼마 후 PGA 투어, 북미 아이스하키리그를 비롯한 모든 주요 스포츠 리그들도 코로나 19로 인한 셧다운을 발표했다. 그뿐만 아니라 전미대학체육협회(NCAA)가 주최하는 대학농구선수권 대회 역시 취소됐다.

당시에는 NBA나 다른 스포츠 경기 중단이 얼마나 이어질지 몰랐지만 다시 안전하게 경기하기까지 몇 달은 걸릴 것 같았다. 스포츠가 없는 세상은 충격 그 자체였다.

하지만 141일의 보류 끝에 NBA는 다시 시작됐다. NBA는 중립구장인 ESPN 와이드 월드 오브 스포츠 콤플렉스를 세워 정규 시즌을 끝낸 다음, 무관중 경기로 연말 플레이오프 시리즈까지 마무리 지었다. 플레이오프는 9월까지 시작되지 않았다(원래는 4월에 시작한다). 플레이오프에서 포틀랜드 트레일 블레이저스, 휴스턴 로케츠, 덴버 너게츠를 꺾은 로스앤젤레스 레이커스는 10월 11일 드디어 NBA 파이널에서 우승할 수 있는 기회를 잡았다.

NBA 파이널 여섯 번째 경기에서 로스앤젤레스 레이커스는 마이애미 히트를 106 대 93으로 꺾고 우승을 차지했다. 그 경기에서 르브론 제임스는 28득점, 14리바운드, 10어시스트로 트리플더블*한 경기에서 5개 부문, 득점, 리바운드, 어시스트, 가로채기, 블록슛 중 세 부문에서 두 자릿수를 기록하는 것을 기록했다.

NBA에서 시즌마다 게임당 평균 득점이 가장 높은 선수인 득점왕에게 주는 트로피가 있다. 득점왕이 된다는 것은 선수에게 있어 엄청난 영광이다. 마이클 조던은 득점왕 타이틀을 열 차례 차지하는 기록을 세웠다. 르브론 제임스 역시 역대 최고 선수 중 한 명이고 그가 득점왕 타이틀을 차지하기에 충분한 재능을 가졌다는 데 이의를 제기할 사람은 없었다.

흥미로운 얘기는 지금부터다. 2020년에 르브론 제임스는 득점왕이 아닌 NBA 어시스트 부문에서 1위를 차지했다. 즉, 그가 선택한 경기 전략은 팀 동료들의 참여를 이끌어 함께 이기는 방식이었다. 자기가 경기를 주도하면서 혼자 활약하는 것이 아니었다.

이는 내가 생각하는 시크릿 소사이어티 방식을 아주 잘 보여주는 사례다.

"나는 왜 여기에 있을까?"가 아니라 "나는 누구를 위해 여기에 있을까?"를 생각하자

내가 아는 가장 성공한 사람들은 주변 사람들까지 발전시킨다. 그들은 조력에 진심이다. 잘 이해가 되지 않을 것이다. 대개는 '스스로' 성공할 만반의 준비를 마쳤을 때 성공이 찾아온다고 생각하기 쉽다.

경력을 쌓기 시작할 무렵에는 나 역시 이기기 위해 미리 준비하는 데 초점을 맞췄다. 내게 맞는 학위를 따고, 평판이 좋은 회사에 취직하고, 다음 직함이나 승진에서 내가 가장 적합한 후보임을 증명할 수 있도록 개인 실적을 쌓는 데 집중했다. 내 눈에는 이런 각자도생이 세상 돌아가는 이치였다. 그래서 나도 그렇게 했다.

성공하고 싶은 욕구가 나를 사로잡았다. 재학 시절은 물론 졸업 후 몇 년 동안 '나는 왜 여기에 있을까?'라는 질문을 자주 던졌다. 구체적으로는 '인생을 어떻게 살아야 하지? 원하는 대로 성공하려면 무엇을 해야 할까? 무엇이 내게 가장 큰 영향을 줄까?'를 고민했다. 나는 의미 있고 내게 잘 맞는 일을 찾고 있었다. 하지만 그러면서도 줄곧 마법 같은 해결책, 즉 내게 성공을 가져다줄 직책이나 업무가 나타나기를 바랐다.

최근 들어 나는 새로운 질문을 던지기 시작했다.

2017년에 나는 애틀랜타에서 열린 한 비즈니스 회의에서 작가이자 리더십 전문가 앤디 스탠리의 강연을 들을 기회가 있었다. 그는 "나는 왜 여기에 있을까?"가 잘못된 질문이라고 분명하게 지적했다.

상업주의, 광고, 제도의 영향으로 우리는 세상이 우리를 중심으로 돈다고 생각한다. 제품과 서비스는 우리가 더 나은 삶을 살거나 우리에게 없는 것을 주는 도구로 자리 잡았다. "그게 나한테 무슨 이득이 되지?"라는 질문을 거듭해서 하다 보면 스포트라이트 마인드셋을 가지게 될 가능성이 있다.

반대로 좀 더 바람직한 마음가짐으로 나아가기 위한 질문, 조력으로 가는 길에 있는 질문도 있다. 앤디 스탠리가 말하길 그 질문은 바로 "나는 누구를 위해 여기 있을까?"이다. 이 질문은 지금 우리가 살아가는 자기중심적인 환경에서 우리의 정신을 깨운다. 소음에서 벗어나 삶을 좀 더 전반적인 시각에서 바라보도록 인도한다. 이 일은 정확히 어떤 의미일까? 내가 하는 일은 누구에게 영향을 미칠까? 내가 매일 하는 일이 어떻게 남들에게 도움을 줄 수 있을까?

남들이 이기도록 돕는다는 발상 자체가 우리의 직관에 어긋날 수 있다. 아마 다들 '남들이 이기도록 도우면 내가 성공하기 힘들지 않을까?'라는 의문이 들 것이다.

르브론 제임스는 팀을 성공으로 이끄는 과정에서 스스로도 더 큰 성공을 경험했다. 팀이 이기면 나도 이긴다. 실제로 다른 사람들을 도왔을 때 개인의 성공이 따라오는 경우가 많다. 이때 우리가 앞서 나갈 수 있는 경우에만 다른 사람들을 돕겠다는 스포트라이트 마인드셋을 갖지 않는 것이 중요하다. 남들을 조종할 목적으로 다른 사람들 곁에서 봉사해서는 안 된다. 우리는 성공을 바라보는 관점을 좀 더 폭넓은 차원에서 다시 정의해야 한다. 여러분이 속한 팀이나 회사 밖에 있는 사람들에게 봉사하는 것도 인류 전체 입장에서 보면 승리다. 최선의 노력을 다해 다른 사람을 돕는다면 여러분이 질 일은 없다.

다른 사람들의 성공에 초점을 맞출 때, 즉 개인의 성공보다 팀의 성공이 중요하다고 여기는 시크릿 소사이어티 방식대로 성공을 정의하기 시작하면 여러분이 원하고 바라는 모든 성공을 달성할 수 있다.

앤디 스탠리와 르브론 제임스는 비슷한 교훈을 준다. 맥락은 다르지만 두 사람 모두 같은 생각을 갖고 있다. 바로 주변 사람들을 발전시키는 것이 진정한 승리라는 생각이다.

팀 관점에서 바라보는 성공

시크릿 소사이어티 방식대로 사는 사람들은 언제나 승리를 팀의 관점에서 바라본다. 여러분이 팀에서 어떤 위치에 있는지, 어떤 역할을 맡고 있는지에 따라 팀 관점에서 바라보는 성공은 다양한 방식으로 나타난다. 그 예를 몇 가지 살펴보도록 하자.

내 지인 밥 고프는 대단히 성공한 변호사로 25년 넘게 일했다. 고프는 샌디에이고에 살지만 변호사 업무를 그만두기 전까지 시애틀에 있는 법률 사무소로 통근했다. 그가 일하던 법무 법인은 공사 하자 사건 전문이었다. 고층 건물 유리창이 떨어지거나 건물이 기울어지면 책임 소재를 밝히는 것이 그의 업무였다. 이는 수백만 달러가 걸린 대규모 소송이었고, 고프는 단 한 번도 패소하지 않았다.

고프는 그저 성공한 변호사라는 말로는 부족할 정도로 승승장구했다. 하지만 내가 그를 성공한 인물이라고 생각하는 근거는 승률이나 합의금 액수(참고로 5억 달러가 넘는다)가 아니다. 그의 성공은 그가 얼마나 많은 사람들을 도울 수 있었는가에서 비롯됐다.

그런 고프가 어느 날 인도에 여행을 갔다가 딸 또래인 어린 소녀들이 성매매를 하는 모습을 목격했다. 그는 마치 '자기' 딸이 그런 상황에 처한 것처럼 힘들어 했다. 그는 결심한 듯 말했다. "더는 그냥 잠자코 지켜보지 않겠어. 이 상황을 바꾸고 싶어. 직접 참여하고, 적극적으로 관여하고 싶어."

고프는 이제 영향력 있는 작가이자 연사로 이름을 알리고 있다. 그는 내가 무척 좋아하는 책 『사랑으로 변한다』를 비롯한 여러 베스트셀러를 썼다.[1] 그가 시작한 비영리단체의 이름도 책 제목과 같은 러브더즈다. 2002년에 출발한 이 단체는 인도 소녀들이 성 노예에서 해방되도록 돕고 그들이 트라우마에서 벗어나 안전하게 살아갈 장소도 제공한다.

자금은 어떻게 조달할까? 고프는 변호사 수입이 많을수록 이 단체에 돈을 더 많이 투자할 수 있다고 생각했다. 맞는 말이었다. 10년이 넘도록 고프는 변호사로 소송에서 승승장구하는 한편 눈에 보이지 않는 곳에서는 조용히 다른 일을 했다. 그는 자기가 중요하다고 생각하는 대의를 지원했다. 자기 고객뿐만 아니라 전 세계 어린이들을 위해서 승소했다.

시간이 흐르면서 러브더즈는 확장해나갔다. 하나였던 안전 가옥이 둘이 됐다. 아이들에게 가장 중요한 문제 중 하나가 교육임을 깨달은 러브더즈는 우간다에 아이들을 위한 학교를 지었다. 이후로 계속 학교를 지었다. 전 세계에서 가장 위험한 지역에도 이런 학교와 안전 가옥들이 있다. 이런 곳을 방문하려면 고프를 비롯한 러브더즈 팀은 방탄조끼를 입고 무장한 경비원들의 보호를 받아야 한다. 그럼에도 아이들의 삶을 개선하는 투자를 계속 이어가고 있다.

러브더즈 활동에서 보람을 느낀 고프는 변호사 업무를 기금 마련 수단으로 보기 시작했다. 상상이 되는가? 그는 미국 태평양 연안 북서부에서 가장 잘나가는 법무 법인을 운영하면서도 그 일에 집착하지 않았다. 대규모 사건에서 승소해서 번 돈을 세계 곳곳에 학교를 짓고 아이들이 성매매 학대에서 벗어날 수 있도록 돕는 일에 썼다.

고프는 법무 법인의 성공에 도취할 수도 있었다. 그가 지구 반대편에 학교와 안전 가옥을 짓는 데 여가 시간을 쓰고 있다는 사실을 사람들이 알았더라면 그의 행동을 비웃었을 것이다. '직원을 더 많이 고용하고 사건을 더 많이 맡아야 한다', '캘리포니아와 태평양 북서부를 넘어서 확장해야 한다', '더 많은 돈을 끌어 모아야 한다' 등의 조언을 했을 것이다.

하지만 고프는 다른 사람들과 성공을 조금 다르게 보았다. 그는 지위나 다른 사람들이 자기를 어떻게 보는지에 크게 개의치 않았다. 매일 아침, 잠에서 깰 때마다 그는 기회를 갖지 못한 사람들의 삶에 자기가 어떤 영향을 미칠 수 있을지 생각했다. 그는 아이들이 인생을 새로 시작할 수 있도록 돕고 싶었다. 그는 내게 "성공이란 정말 유통 기한이 길어요. 내게 남은 세월 동안 나는 앞으로 지속될 일을 하고 싶을 뿐입니다"라고 말했다.

어느 날 아침, 워싱턴 뮤추얼 타워 24층에 내려 자기 사무실로 들어가던 고프에게 안내 직원이 "안녕하세요, 어떤 분을 만나러 오셨나요?"라고 물었다. 해외에서 너무 많은 시간을 보낸 탓에 고프의 이름이 그 직원 책상 뒤편 벽에 붙어 있는데도 직원이 고프를 알아보지 못한 것이었다. 그가 사무실에 출근하지 않은 지 1년이 넘은 상태였다. 그때 그는 이제 변호사 일을 그만두고 러브더즈에 더 많은 시간을 할애해야 할 시기라고 느꼈다. 그래서 그는 변호사를 그만뒀다.

이제 고프는 꽤 유명해졌고 일하면서 상당한 수입을 벌어들였지만 그는 이런 것을 성공이라고 정의하지 않는다. **그의 성공은 다른 사람들이 잘되도록 돕고 그들에게 봉사하기로 선택한 바로 그 길에서 시작된다.**

함께 해결하는 문제

『업스트림』의 저자 댄 히스는 미국 최초로 만성적인 노숙 문제를

해결한 일리노이주 도시 록퍼드를 언급한다.[2]

노숙은 복합적인 쟁점이다. 노숙이 발생하는 근본적인 원인은 제도적 불공정, 아동 학대, 정신 질환 등 수없이 많다. 그렇다면 록퍼드시는 이를 어떻게 해결했을까? 당시 록퍼드 시장이었던 래리 모리시는 이 문제를 혼자서 해결할 수 없다는 사실을 잘 알았다. 노숙처럼 심각한 문제를 줄이려면 많은 사람들의 협력이 필요했다.

모리시는 사회복지사, 경찰, 비영리단체, 종교단체에 이르기까지 다양한 단체를 모았다. 그는 혼자 힘으로는 이 문제를 해결할 수 없지만, 문제를 함께 해결할 사람들을 지원한다면 진전을 이끌어낼 수 있다고 생각했다. 그때까지는 이런 다양한 단체들이 따로따로 활동했고, 9년이 흐르도록 노숙을 근절하겠다는 록퍼드시의 목표는 제자리였다. 그러던 차에 그들은 9개월 만에 마침내 이 문제를 해결했다.

그들은 일대일 접근법을 취했다. 집이 없는 사람들 한 명 한 명을 확인하고, 각 기관에서 그들에 관한 정보를 수집한 다음, 한 명씩 집을 찾아줬다.

모리시는 "나는 누구를 위해 여기에 있을까?"라는 질문에 만성적인 노숙 인구 문제 해결이라고 답했다.

고프나 모리시만큼은 아니지만 나 역시도 살아가면서 이 원칙을 적용한다. 여러분도 할 수 있다. 나는 이 질문에 우리 팀을 떠올린다. 앤디 스탠리의 기조연설을 들은 이후로 나는 내 업무를 바라보는 새로운 시각을 갖게 됐고, 내 동료들을 위해 노력하기로 결심했다. 내가 섬길 사람들은 바로 동료였다. 나는 사무실에 팀원 전원과 가족들의 이름과 사진을 담은 포스터를 만들어 걸었다. 내가 최선을 다하고 스포트라이트 마인드셋에 저항하기로 선택한 이유를 매일 되새기고자 맨 위에는 크고 굵은 글씨로 "나는 누구를 위해 여기에 있을까?" 라고 썼다.

다들 아침마다 비슷하게 하루를 시작할 것이다. 회사로 출근해서 건물 현관으로 들어서기 시작하면 당장 해야 할 온갖 업무들과 참석해야 할 회의로 머릿속이 복잡하다. 게다가 저녁 식사 시간에 맞춰서 귀가하고 자녀들을 운동 연습에 데려다주고 데려온 다음 숙제까지 봐주려면 5시 정각에 퇴근해야 한다.

나는 이런 일상에 새로운 습관을 들이려고 노력했다. 사무실 문으로 걸어가는 동안 이 한 가지 질문을 30초라도 생각하려고 애쓴다. '좋았어, 오늘 우리는 누구를 위해서 여기에 왔지?' 그렇게 한다고 해서 참석해야 할 회의가 줄어들지도 않고, 끝마쳐야 할 업무가 줄어들지도 않지만 그런 관점의 변화 덕분에 나는 새로운 자세로 하루를 맞이할 수 있다. 느긋한 마음으로 촉각을 곤두세워 내가 소통하는 사람들을 도울 방법을 찾을 수 있다. 당황한 듯한 사람을 발견했을 때는 도와줄 수 있고, 신난 사람을 만났을 때는 함께 기뻐할 수 있다.

이와 달리 나 자신만 생각하면서 책상으로 직진해 내 일에만 전념할 수도 있다. 물론 그래야 할 때도 있다. 하지만 내가 일할 때, 조급함을 느끼기보다는 하루하루 함께 보내는 사람들을 보살피고 싶다. 나는 머릿속에 조력을 가장 먼저 떠올린다.

어떤 옷이든 상관없다

사이클 경기에 딱히 관심이 없는 사람이라고 하더라도 투르 드 프랑스*매년 7월 프랑스에서 열리는 사이클 대회는 들어봤을 것이다. 사이클에 탄 선수들이 손잡이 쪽으로 바짝 엎드려 시속 60킬로미터가 넘는 속도로 내리막길을 빠르게 내달린다. 아주 대단한 광경이다.

최근 들어서야 안 사실인데, 투르 드 프랑스는 팀 단위로 참가하고, 팀원들은 단 한 선수, 즉 팀 리더가 그날의 구간 경기(투르 드 프랑스는 21~25일 동안 온종일 이어지는 구간 경기로 구성된다)에서 이길 수 있도록 희생한다. 결승선을 가장 먼저 통과한 선수에게 옐로 저지*선두 주자를 표시하는 노란색 상의를 수여한다.

도메스티크domestique는 사이클 경기에서 선두 주자(옐로 저지)를 탐내지 않고 다른 선수를 돕는 선수를 말한다. 도메스티크는 팀원들에게 물을 전달하고 팀 앞에서 달리면서 바람을 막아주기도 한다. 사고가 발생하거나 자전거가 고장 나면 자기 자전거를 팀 리더에게 주기도 한다. 그러니 누가 옐로 저지를 입든, 자기만의 공적이라고는 할 수 없다.

도메스티크도 재능 있는 사이클 선수들이다. 그들도 최고 기량을 갖춘 선수들이어야 하고 소속 팀 선두를 따라갈 수 있어야 한다. 심지어 앞서 가야 할 때도 있다. 동시에 팀원들을 돌보고, 난관을 해결하고, 다른 선수들이 이길 수 있도록 도와야 한다.

나는 도메스티크를 보면서 "대체 왜? 어떤 동기로 그런 역할을 자처하지?"라는 의문이 들었다. 그들은 프로 사이클 선수들이다. 그들 역시 한때는 투르 드 프랑스에서 우승해 옐로 저지를 입고 싶었을 것이다. 하지만 다른 역할을 맡기로 자처했다. 그들이 과연 행복할까? 이 모든 질문에 대한 대답은 전적으로 그들이 성공을 어떻게 보는가에 달렸을 것이다.

질문을 한 가지 하겠다. 만약 당신이라면 도메스티크로 행복할 것 같은가, 아니면 옐로 저지를 입어야만 성공했다고 느낄 것 같은가? 이 질문에 어떻게 답하는지가 당신이 어떤 태도를 지니고 있으며 앞으로 어떤 분야에 애써야 할지 알려줄 것이다.

나는 스티브 잡스 곁에서 오랫동안 일했던 제임스 히가를 보면서도 같은 의문이 들었다. 그는 왜 기꺼이 투명 인간을 자처했을까? 다른 사람을 위해서 스스로 인정받기를 포기한 동기는 무엇일까? 무엇 때문에 그런 일을 하게 됐을까?

『드라이브』라는 책을 쓴 다니엘 핑크라면 그들에게는 완전히 다른 차원의 동기, 즉 내적 동기가 있다고 말할 것이다.[3] 그들에게는 자기 자신뿐만 아니라 다른 사람들도 성공하게끔 도우려는 내적 추진력이 있다. 이런 사람들은 팀의 성공이 개인의 성공보다 더 바람직하고 더 중요하다는 진실을 받아들였다. 그들은 전체에서 자신이 맡은 부분, 역할을 찾았다.

옐로 저지를 입어야만 성공했다고 느낄 수 있는 것은 아니다. 여러분은 도메스티크가 될 수 있다. 묵묵히 팀에 봉사할 수 있다.

그런 역할에 충실했을 때 스포트라이트보다 훨씬 더 좋은 것을 얻을 수 있다. 매일 아침 일어나 자신이 팀에 기여한 바에 만족한다. 중심이 되고 싶은 충동을 억누르고 다른 사람들이 이기도록 돕는 데 자기 재능을 사용한다. 그런 행위에서 비롯되는 성취감은 우리가 받을 수 있는 그 어떤 인정보다도 만족스럽다.

스포트라이트를 받는 시크릿 소사이어티라면

이 책을 읽으면서 '옐로 저지를 입는 동시에 다른 사람에게 봉사할 수도 있을까?'라는 질문을 던지는 사람도 있을 것이다. 이미 어떤 분야에서 스포트라이트를 받고 있거나 그럴 계획을 세운 사람도 있을 것이다. 투르 드 프랑스에서 우승하고 싶은 사람이 있을 수도 있다. 그런 목표를 성취하고 싶다는 생각이 잘못일까? 물론 그렇지 않다. 스포트라이트를 받으면서도 동시에 봉사하는 태도를 지닐 수 있다. 사실 리더십이나 영향력을 발휘하는 위치에서 봉사하는 태도를 보인다면 그 영향력은 두 배로 강해질 것이다.

잠시 르브론 제임스 이야기로 돌아가 보자. 그는 스포트라이트를 받는다. 사실 '더할' 나위 없이 스포트라이트를 받고 있다. 역사상 가장 유명한 운동선수 중 한 명인 르브론 제임스는 돈, 명성, 능력에 이르기까지 사회가 우리에게 추구하라고 말하는 전통적인 성공 지표를 모두 갖췄다. 하지만 그의 행동을 보면 그가 다른 사람들을 돕고 팀 전체를 돕는 것에 중점을 두고 살아가는 태도를 엿볼 수 있다. 게

다가 그는 농구장 밖에서도 어시스트에 진심이다.

르브론 제임스 가족재단LeBron James Family Foundation은 학업 성취도가 낮음에도 도움을 받지 못하는 학생들을 지원한다.[4] 이 재단은 르브론 제임스의 고향인 오하이오주 애크런에서 아이 프로미스 프로그램I Promise Program을 펼치며 오랫동안 아이들을 도왔고, 이후 2018년 여름에 애크런 공립학교와 협력해 아이 프로미스 학교를 열면서 활동에 박차를 가했다.[5] 아이 프로미스 학교에 다니는 학생들은 애크런 공립학교에서 학업 성취도 최하위를 기록했고 문제 행동 전력이 있는 아이들이다. 이런 아이들이 고등학교를 졸업할 기회를 얻으려면 도움이 절실히 필요하다. 르브론 제임스 가족재단이 오랫동안 활동을 펼치면서 수많은 학생들이 도움을 받았다. 재단은 이런 아이들이 학교는 물론 다른 사회생활에도 잘 적응할 수 있도록 영향력을 발휘했다.

밥 고프 역시 스포트라이트를 받았다. 수백만 부에 달하는 책을 팔았고 작가이자 변호사로서 큰 성공을 거두었다. 그는 그 성공을 다른 사람들을 위한 기회로 활용했다. 그가 세운 비영리단체 러브더즈는 활동 영역을 넓혀 이제는 아프가니스탄, 콩고, 인도, 이라크, 네팔, 소말리아, 우간다까지 총 일곱 개 나라에서 활동하고 있으며 앞으로도 계속 확장해나갈 예정이다.

스포트라이트를 받는 모든 사람이 스포트라이트 마인드셋대로 움직이지는 않는다. 마찬가지로 스포트라이트 뒤편에서 일하는 사람이라고 해서 모두가 시크릿 소사이어티의 일원인 것도 아니다. 시크릿 소사이어티의 방식은 지위와 상관없이 누구나 실천할 수 있다. 자기 경력을 어떻게 바라보는지, 다른 사람들을 어떻게 뒷받침하는지, 주변 문화가 떠드는 성공에 대한 편견을 떨쳐내고 스스로 규정한 성공에 부합하는 대로 일할 의향이 있는지와 더 큰 관련이 있다.

살아가면서 어떤 접근법을 취할지는 여러분 자신이 결정할 일이다. 자, 스포트라이트 마인드셋을 버리고 시크릿 소사이어티의 일원이 될 마음이 생겼는가?

내 편이 아무도 없을 때

몇 년 전에 스토리브랜드 채용 공고를 냈을 때 들어온 지원자 이력서에 내가 무척 좋아하는 브랜드 중 하나가 기재돼 있었다. 나는 그곳의 경험담을 들을 수 있다는 생각에 무척 기뻤다.

확실히 그 회사는 일하기 좋은 곳이었다. 당연한 일이었다. 그들의 제품은 놀라웠고 수익도 수십억 달러에 달했다. 수십 년 동안 제대로 운영해온 기업이었다.

하지만 입사 면접 때 그 지원자가 했던 말이 잊히지 않는다. 그렇게 큰 기업에서 일하는 것이 어땠는지 묻자 지원자는 "대단히 경쟁력 있는 사람들이 모여 있지만 아무도 제 편을 들어주지 않았습니다"라고 말했다. 나는 "편을 들어주는 사람이 없다니, 무슨 뜻이죠?"라고 물었다.

지원자는 팀원들이 자기 자신과 승진에 초점을 맞춘다고 설명했다. 무엇보다도 다음 승진 대상자가 되기 위해 총력을 기울이고, 그 무엇도 자기 앞길을 막지 않도록 어떤 일이든 할 태도를 보인다고 했다. 심지어 그들은 같은 팀원에게도 가차 없었다.

그 이야기를 듣자니 슬퍼졌다. 나는 진심으로 그 기업을 높이 평가했고 그들의 기업 마인드도 훌륭할 것이라고 여겼다. 하지만 그 브랜드는 다른 사람들이 이기도록 돕는 시크릿 소사이어티의 기본 원칙을 지키는 데 실패했고, 그런 기업 문화 때문에 훌륭한 인재들이 빠져나가고 있었다.

'하지만 수익이 수십억 달러에 달하는데 성공적이지 않다고 주장하기는 어렵지'라고 생각할 수도 있다. 수익과 브랜드 측면만 보면 물론 그렇다. 하지만 직원들이 서로 돕지 않는다면 그게 다 무슨 소용일까?

내가 이 회사의 공동설립자들을 모아서 회사 직원들이 서로의 편이 되어주지 않는다고 말하면 무슨 말을 할지 궁금하다. 이 말을 듣고 슬퍼한다면 시크릿 소사이어티 회원일 가능성이 높다. 슬퍼하지 않고 수익을 성공의 척도로 내세운다면 그들은 성공을 우리와 같은 방식으로 규정하는 것이 어떤 의미인지 아직 배워가는 중일 것이다.

비즈니스에서 팀보다 더 중요한 것은 없다. 정말이다. 팀이 전부다. 브랜드는 사람들의 모임이고, 이 사람들이 브랜드가 창조하는 제품을 만든다. 그 팀원들과 그 브랜드를 좋아하는 사람들 및 고객과의 소통이 고객 경험을 창출한다. 각 제품의 판매는 영업 사원 혹은 팀원들이 함께 펼치는 마케팅 전략에서 비롯된다. 구매가 이뤄지는 웹사이트 역시 웹 개발 팀이 만든다.

비즈니스에서는 팀 접근법이 이 모든 과정을 제대로 돌아가도록 이끄는 원동력이다. 그렇기 때문에 그 회사에는 자기 편이 없는 것 같다는 말을 듣고 무척 가슴이 아팠다. 그 회사의 임원들은 기업 운영에서 가장 중요한 부분을 놓치고 말았다. 비극이 아닐 수 없다.

문제는 경쟁적인 기업 문화 자체가 아니다. 경쟁하는 '방식'이 문제다. 개인의 승진이나 기회에 집착하면서 이를 얻기 위해서라면 팀원들이 서로를 헐뜯는 것도 마다하지 않는다.

'그곳에서는 아무도 내 편을 들어주지 않아요.' 시크릿 소사이어티에서는 성립할 수 없는 말이다.

성공은 조력에 있다

여러분의 삶과 일에서 "나는 누구를 위해 여기에 있을까?"라는 질문은 어떤 의미를 지니는가? 공을 패스하는 사람이 된다는 것은 어떤 의미일까? 성공을 개인 차원이 아니라 팀 차원에서 본다는 것은 어떤 의미일까?

여러분이 조직에서 어떤 위치에 있는 사람이든, 다른 사람들에게 혜택을 주는 기회를 만들어내려고 노력하는 것이다.

스포트라이트 마인드셋이 솟아오른다고 느낄 때, 다른 사람들의 성공에 억울하다는 기분이 들 때 스스로에게 "나는 누구를 위해 여기에 있을까?"라고 묻는다. 이 질문은 모든 것을 바꾼다. 이 질문을 하면 새로운 가능성이 열리고, 이미 하고 있는 일에 새삼 열정이 생기고, 내가 기여할 부분이 얼마나 많은지 보게 된다. 여러분이 도메스틱 같은 사람이든 옐로 저지 같은 사람이든, 이 접근법은 여러분이 하는 일에 수많은 의미와 목적을 순식간에 불어넣는다.

시크릿 소사이어티 방식은 팀의 성공 쪽에 무게를 둔다. 우리가 방심하면 기본 모드인 스포트라이트 마인드셋이 개인주의 사고방식 쪽으로 우리를 끌어당길 것이다. 마치 중력처럼 우리를 아래로 끌어당기는 것이다. 하지만 우리가 계속해서 중력에 대항하고 팀의 성공에 좀 더 에너지를 많이 쓰는 법을 배운다면 어떻게 될까?

정상에 올랐을 때 "나는 누구를 위해 여기에 있을까?"의 사고방식을 발견하게 될 것이다. 그쪽에 좀 더 주의를 기울인다면 더 행복해지고 지금 자신이 하고 있는 일에 좀 더 만족하게 될 것이다.

시크릿 소사이어티의 방식은 한 팀이 되는 법, 즉 서로 '함께' 겨루되 대적하지 않는 법을 가르친다. 당신의 성공이 내 성공이고, 우리가 함께 이룬 성공이 나 혼자서 달성할 수 있었던 성공보다 더 크다. 성공은 주변 사람들이 발전하도록 돕는 것이다.

성공이 "나는 누구를 위해 여기에 있을까?"라고 묻는다. 성공은 조력에 있다.

4장

휘둘리지 않는 사람들의 비밀

성공에

반드시 타인의 희생이 따라야 할 필요는 없다.

✦

데이비드 호닉[*]
DAVID HORNIK

[*] 미국의 벤처 투자자

어릴 때 나는 자주 엄마와 같이 슈퍼마켓에 바닷가재를 구경하러 갔다. 바닷가재 수조 유리에 얼굴을 들이밀기 전에 나는 생선 밑에 있는 얼음 조각을 집어서 입에 넣곤 했다. 엄마는 웃지 않으려고 애쓰면서 '너 진짜 엽기적이야'라는 표정을 짓곤 했다(솔직히 진짜 엽기적인 일이었다). 얼음을 깨물며 바닷가재를 구경했다. 바닷가재 집게발은 항상 고무 밴드로 묶여 있었다. 나는 손을 뻗어 바닷가재를 만지려는 용감한 손님이 있을 경우를 대비해 고객을 안전하게 지키려고 집게발을 묶었다고 생각했다. 나는 겁이 너무 많아서 그런 짓은 할 수 없었지만. 고무 밴드가 고객 보호용이 아니라(고객 대부분은 수조에 손을 넣을 정도로 멍청하지 않다) 바닷가재 보호용이라고는 생각도 하지 못했다. 나중에서야 바닷가재가 우위를 차지하려고 서로 끊임없이 싸운다는 사실을 알았다. 실제로 바닷가재의 생존은 상당 부분 누가 정상에 오르는지에 달려 있다고 한다.

슈퍼마켓 수조로 잡혀오기 전까지 바닷가재들은 넓은 해저에 살았다. 조던 피터슨은『12가지 인생의 법칙』이라는 책에서 이렇게 설명했다.

바닷가재에게는 해저 본거지가 필요하다. 끊임없이 계속되는 죽음에서 생겨난 먹을 수 있는 부스러기를 찾아다닐 영역이 필요하다. 사냥과 채집을 수월하게 할 수 있는 안전한 장소를 원한다. 즉 보금자리를 원한다.[1]

대도시가 그렇듯, 바닷가재 나라에서도 살기 좋은 땅을 찾기란 어렵다. 그래서 바닷가재도 유용한 땅을 발견하면 인간들이 하는 것과 마찬가지로 힘과 자원을 활용해 그 땅을 손에 넣는다.

바닷가재는 먼저 실제로 접촉하지 않으면서 서로에게 덤벼들기 시작한다. 주로 누군가가 물러설 때까지 서로 거드름을 부린다. 하지만 아무도 물러서지 않으면 사태는 거드름 부리기에서 레슬링 경기로 바뀌고 서로 상대를 뒤집어서 찍어 누르려고 한다. '그' 단계에서 결판이 나지 않으면 집게발을 쫙 벌리고 서로에게 덤벼들고, "일단 상대방 몸의 일부를 붙잡는 데 성공하면 잽싸게 뒤로 물러나면서 집게발을 굳게 닫은 채 뜯어내려고 할 것"이다.[2] 어이쿠.

이 전투가 몇 단계에 걸쳐서 이어지든 간에 승자와 패자는 확실하게 갈린다. 승자는 귀중한 보금자리를 얻고, 지배 위계질서가 확립된다. 누가 권력을 쥔 쪽인지 더는 아무도 헷갈리지 않는다.

바닷가재 나라 전투에서 이긴 힘 있는 승자는 암컷에게 대단히 매력적인 존재다. 짝짓기 철이면 암컷 바닷가재들은 우두머리 수컷의 정자를 얻으려고 몰려든다. 우두머리 수컷 바닷가재는 보금자리, 암컷, 힘까지 모두 가진다.

득점판은 어디에나 있다

우리 문화와 바닷가재 나라를 보면 어렵지 않게 유사점을 찾을 수 있다. 둘 다 특정한 성공 지표에 집착한다. 나는 이런 성공 지표를 가리켜 '득점판'이라고 부른다. 바닷가재는 득점판에 수컷 한 마리가 지배하는 바닷가재가 몇 마리인지, 그로부터 어떤 자리를 얻는지 기록한다. 우리 인간은 득점판에 돈, 지위, 영향력을 기록한다.

득점판은 애쓰지 않아도 찾을 수 있다. 그냥 주변을 둘러보자. 온라인에 접속하거나 앱을 열어보자. 그러면 수많은 시스템에 따른 통계와 순위를 보게 된다. 몇 게임을 이겼는지, 돈은 얼마나 벌었는지, 조회 수는 몇 번인지, 판매 개수는 몇 개인지 다 나온다. 이런 목록이 계속 이어진다. 보통 우리는 이런 득점판을 그대로 받아들인다. SNS 팔로워 수에 따라 자신의 순위를 매긴다. 우리가 모는 차, 사는 동네, 직함이나 연봉, 자녀가 다니는 학교, 최신 패션과 유행을 잘 쫓아가는지를 기준으로 다른 사람은 물론 스스로 인지하는 우위와 비교해 끊임없이 자기 자신에게 점수를 매긴다. 정상에 있는 사람이 누구든, 모든 힘을 갖고 관심을 받는다고 믿게 된다. 사실 득점판에서 벗어나기는 어렵다. 바닷가재가 증명하듯이 득점판은 자연계에도 있고, 인간 사회 곳곳에도 있다.

우리는 득점판에 따라 스스로에게 순위를 매기도록 타고났다. 권력과 지위를 추구하는 편이 그 반대보다 더 자연스럽다. 미국 국립정신건강연구소National Institute of Mental Health 소속 신경과학자 캐럴라인 징크는 우리 사회의 계층이 "사회 행동을 좌우하는 강력한 결정 요인이며 인간을 비롯한 영장류의 건강에 막대한 영향을 미친다"라고 설명했다.[3] 징크는 자신이 주도한 연구에서 참가자들에게 컴퓨터 게임을 하도록 시키고 반응 시간에 따라 점수를 매길 것이라고 말했다.[4] 참가자들은 '파란색 원이 녹색으로 바뀌었을 때' 버튼을 누르거나 '점이 더 많은 상자를 표시'하는 게임을 수행했다. 빨리 반응하면 1달러를 받았다. 본격적으로 게임을 시작하기에 앞서 참가자들은 연습 시간을 받았다. 연습 게임의 결과로 세 명의 참가자들은 각각 상, 중, 하 등급을 받았다. 참가자들은 자신의 등급과 함께 그전까지는 서로 만난 적이 없는 참가자들의 얼굴 사진과 등급도 확인했다.

등급을 확인하는 참가자들의 뇌 활성 상태를 분석한 결과, 상급의 참가자 얼굴 사진을 볼 때 주의를 처리하는 뇌 영역과 보상에 관련된 영역이 활성 상태를 보였다.

한 가지 흥미로운 사실은 미리 참가자들에게 다른 참가자들과 경쟁하는 관계가 아니라는 것과 각 참가자의 점수가 서로에게 영향을 미치지 않을 것이라고 설명했다는 것이다. 게임 후 참가자들에게 실시한 설문조사에 따르면, 참가자들은 다른 참가자들과 경쟁하지 않음에도 계층 맥락에 깊이 몰입했다.[5] **우리는 실질적인 이해관계가 없는 경우에도 잠재의식 속에서 이런 계층에 신경을 쓴다.**

득점판은 외부 사회는 물론이고 '여기' 우리 몸속에도 새겨져 있다. 우리는 성공이란 정상에 오르는 것을 의미한다고 믿도록 타고났다. 그러니 계층 개념을 타고난다는 사실을 축소하거나 이런 득점판이 존재하지 않는 척한다면 우리의 실제 삶을 부정하는 셈일 것이다.

회사 조직도를 통해서든, SNS 팔로워 수를 비교하든 지배 계층은 우리 생활에 영향을 미친다. 우리 주변 도처에서 권력 다툼이 일어나고, 우리는 그 안에 있다. 인정하고 싶지는 않겠지만 우리 인간과 바닷가재 사이에는 공통점이 많다.

그렇다면 우리는 바닷가재 수준에 불과할까, 아니면 바닷가재보다는 더 나은 존재가 될 수 있을까?

행복은 점수로 환산할 수 없다

스포트라이트 마인드셋에 휘둘릴 때 우리는 관심을 요구하고 가능하다면 어떤 득점판에서든 정상에 오를 방법을 찾으려고 한다. 아무리 우리가 본능적으로 계층 개념에 이끌린다 하더라도 나는 스포트라이트 마인드셋이 우리가 실제로 가고자 하는 방향과 멀어지게 한다고 생각한다.

대공황이 한창이던 1938년 하버드대학교는 한 연구를 시작했다.[6] 하버드대학교 2학년 학생 268명과 당시 보스턴 빈민가 출신 소년들을 모아 그들에 관한 모든 것을 연구하기 시작했다. 성인의 삶을 다룬 사상 최장기 연구가 된 이 연구의 주요 목적은 무엇이 사람들을 행복하게 만드는지 밝히는 것이었다. 해마다 2500명이 넘는 사람들이 참여한 이 조사에서 연구자들은 수많은 데이터를 샅샅이 살폈다. 정신 건강과 신체 건강, 일, 인간 관계를 깊이 파고든다. 연구자들은 참여자들이 사춘기를 지나 나이 들어 은퇴하기까지 이런 요소들이 행복에 어떤 영향을 미치는지 분석했다. 오랜 세월의 데이터를 연구한 결과 '평생에 걸쳐 사람을 행복하게 해주는 요소는 돈이나 명성보다도 친밀한 관계'라는 사실이 드러났다.[7]

딱히 놀라운 발견은 아니지만 우리 문화가 떠들어대는 내용과는 정반대다. 우리를 행복하게 해줄 요소가 이미 손닿는 곳에 있는데 많은 마케터들은 그런 '물건'을 제시하느라 바쁘다.

이뿐만 아니라 지배와 사회적 위계 안에서 살아가느라 발생한 스트레스는 우리 정신적·신체적 건강에 부정적인 영향을 미치고 있다. 여러 연구에서 지위에 대한 불안은 심혈관 질환 및 면역 체계 약화시키는 등 여러 건강 문제를 유발할 수 있다는 결과가 나왔다.[8] 지위에 집착할수록 경험하는 문제도 늘어난다. 하버드대학교 연구는 우리 모두가 머리로는 옳다고 생각했던 '좋은 관계가 행복과 건강을 유지해준다'는 가설을 입증해낸 셈이다.[9]

우리 인간은 바닷가재 같은 성향을 지니고 있고 바닷가재 나라 같은 사회에 살고 있지만 바닷가재는 아니다. 바닷가재는 서로 경쟁하는 데는 능하지만 인간이 느끼는 기쁨이나 슬픔, 동경과 같은 다양한 감정을 경험하지 않는다. 삶의 의미나 가치를 보는 시선도 다르다. 하지만 우리에게는 선택지가 있다. 우리는 바닷가재처럼 살면서 순위에 집착할 수도 있고, 가장 기본적인 본능에서 벗어나 발전하면서 다른 사람들과 관계를 맺으며 삶의 풍요로움을 경험할 수도 있다. 우리는 진정한 행복과 성공을 찾을 수 있다.

나는 이것이 진실임을 직접 발견했다.

유명해지는 것이 목표였던 시절

나는 열여덟 살 때 처음으로 곡을 썼다. 썩 훌륭하지는 않았지만 그렇다고 해서 유명 뮤지션으로 살아가는 꿈을 포기하고 싶지는 않았다. 앞으로 펼쳐질 그 길이 눈에 선했고, 내가 제2의 존 메이어가 될 것이라고 믿어 의심치 않았다. 이후 몇 년 동안 나는 수십 곡을 써서 녹음했고 실제 앨범을 발매하기도 했다. 아이튠즈에서 내 앨범을 봤을 때는 실감이 나지 않았다. 모두가 내 음악을 들을 수 있었고 머지않아 전 세계가 내 이름을 알게 될 것이라고 확신했다. 다들 짐작하겠지만 그런 일은 일어나지 않았다. 엄마와 엄마 친구들이 구매하고 남은 내 앨범들은 차고에 상자째로 쌓였다. 어떻게 해야 사람들에게 판매할 수 있을지 방법을 몰라 막막하기만 했다. 콘서트를 열었지만 사람들을 모으지 못했고 마이스페이스Myspace*2003년에 설립된 미국 소셜 네트워킹 사이트 스트리밍 통계도 형편없었다. 아무리 열심히 해도 원하는 대로 풀리지 않았기에 애가 탔다. 음반을 더 많이 팔고 스트리밍 성적을 올리기 전까지는 대규모 투어의 개막 공연에 서기는 어려울 것 같았다. 그런 개막 공연 자리가 성공으로 가는 관문이라고 생각했던 나는 방법을 알아내려고 애썼다. 제작자들의 눈에 띄고 싶었던 나는 대학교 3학년 때 짐을 싸서 내슈빌로 이사했다. 내가 다니던 벨몬트대학교에는 나 같은 뮤지션 지망생들이 넘쳐났다. 나는 어떻게 해야 사람들에게 내 음악을 듣게 할 수 있을지 고민했지만, 나와 교류하던 다른 아티스트들은 그렇지 않았다.

벨몬트대학교에 재학 중이던 스티브 모클러는 짜증 날 정도로 실력 있는 뮤지션이었다. 수없이 많은 친구가 "스티브 모클러 신곡 들어봤어?"라고 물었다. 사람들은 모클러가 제2의 존 메이어라는 듯이 얘기했다. 불가능한 일이었다. 제2의 존 메이어가 될 사람은 바로 나였기 때문이다. 나도 스티브의 신곡을 들어봤지만 좋다고 말하고 싶지 않았다. 스티브는 내가 쓰고 싶은 곡을 썼고, 라디오에 출연하기에 충분한 음악적 감각을 갖추고 있었다. 게다가 조나스 브라더스Jonas brothers*형제 3명으로 구성된 미국의 록밴드 멤버로 오해받을 수 있을 정도로 검은 곱슬머리가 매력적인 미남이었다. 심지어 착했다. 난 정말 짜증이 났다.

몇 달이 걸리기는 했지만 결국 나는 스티브의 노래들이 훌륭하다고 인정할 수밖에 없었다. 매일 마이스페이스에서 그의 노래를 듣는 사람이 얼마나 많은지 보고 그에게 전국 규모 팬층이 있다는 사실을 알았다. 내가 그와 투어를 돌면서 그의 팬들에게 내 음악을 들려주면 내 꿈에 한 발짝 더 다가갈 수 있을 것 같았다. 내가 찾던 기회였다. 나는 즉시 우리 둘을 위한 투어 계획을 세웠다. 물론 그에게 이 거창한 아이디어를 설득해야 하는 일이 남았지만. 연줄이 닿는 공연장이 없었던 터라 사람들이 자기 집 뒷마당에 우리를 부르면 좋겠다고 생각했다. 내가 가진 휴대용 음향 장치는 100명이 넘는 관객들 앞에서 연주하기에 충분할 정도로 큰 소리를 낼 수 있었다. 사람들이 잔디밭을 제공하면 그곳에서 우리가 공연을 하는 계획이었다. 투어 준비는 나에게 손쉬운 일이었다. 스티브가 나의 아이디어에 동의만 한다면 우리는 해낼 수 있었다.

그해 봄 학교 카페테리아에서 스티브를 봤을 때 나는 이 투어 아이디어를 설득하기로 결심했다. 그가 꼭 승낙해야 했다. 그가 참여하지 않으면 그해 여름 새로운 팬들 앞에서 공연할 기회를 잃게 될 것 같아서 두려웠다.

나는 조심스럽게 스티브에게 다가가 자기소개를 하고 뒷마당 공연 아이디어를 설명했다. 그는 상냥하고 말 붙이기 쉬운 사람이었다. 우리는 서로 전혀 모르는 사이였지만 자주 만난 듯, 자연스러운 대화를 이어갔다. 그가 지금까지 이런 투어는 한 번도 해본 적이 없다고 하면서 공연에 참여하겠다고 했다. 한동안 계획을 세운 뒤에 우리는 투어 이름을 '마음이 있는 곳이 고향'이라고 짓고 주변 사람에게 공연을 홍보하기 시작했다. 몇 주 후에 우리는 당시 스티브의 팬들이 많은 중서부를 중심으로 멋진 공연을 이어갔다.

그해 여름 우리는 11일 동안 10회의 공연을 했다. 우리 두 사람의 친구였던 제이미가 동행해 사진을 찍고 마이스페이스에 공연 기록을 올려 팬들과 공유했다. 투어 첫 주에 인디애나주, 오하이오주, 미시간주를 돈 우리는 이후 시카고 공연을 위해 일리노이주로 향했다. 스티브와 제이미가 차 앞좌석에서 가벼운 대화를 나누다가 즉흥 랩을 하는 동안 나는 뒷좌석에 앉아 생각했다. 뮤지션이 되려고 정말 힘들게 노력했던 것에 비해 이 투어를 기획하는 일은 너무나 수월했다는 생각이 들었다. 만약 내가 제2의 존 메이어가 되지 않는다면 무엇이 달라질지도 진지하게 고민했다.

투어를 시작한 이후로 우리는 몇 차례 공연을 함께했고, 그 기간 동안 나는 스티브의 노래는 물론 한 인간으로서 스티브도 무척 좋아하게 됐다. 그렇다고 해서 사람들이 스티브와 스티브의 음악에 열광하는 모습을 보면서 느꼈던 질투심을 떨칠 수는 없었다. 스티브는 매일 밤 나보다 서너 배나 많은 상품을 팔았고, 사람들은 그의 노래를 따라 불렀다. 그는 노력조차 하지 않는데도 사람들이 그를 사랑하는 것 같았다. 누군가가 그의 앨범을 사고 내 앨범을 사지 않을 때면 거절당하는 느낌까지 들었다.

인생의 어느 시점에서도 비교는 고달픈 일이지만 특히 내가 누구인지 알아가려고 애쓰는 중인 20대 초반에는 특히 더 힘겹다. 이 시기에 나는 또래보다 더 유명해지고 더 사랑받는 것이 성공이라고 여겼다. 주목 받는 스티브를 보는 게 괴로웠고 마치 지고 있는 것만 같았다. 하지만 과연 그것이 경쟁이었을까? 득점판(즉 팬 숫자와 상품 판매량)은 진짜였다. 하지만 내가 득점판에 부여하는 의미는 어땠을까? 그것도 진짜였을까, 아니면 단지 내 상상에 불과했을까?

정답이 무엇이든, 비교가 내 기쁨을 훔치고 있다는 것은 확실했다. 나는 바닷가재가 되어 가고 있었거나, 그 정도까지는 아니더라도 바닷가재 나라의 규칙에 따라 살고 있었다.

다행스럽게도 내 인생은 그렇게 끝나지 않았다. 나는 유명해지는 것 말고도 성공할 수 있다는 사실을 깨달았다. 하지만 그전에 먼저 스포트라이트 마인드셋을 내려놓아야 했다.

어쩌면 여러분 중에도 주변에 우글대는 득점판에 혼이 쏙 나가는 기분을 느끼는 사람이 있을 것이다. 앞으로도 득점판은 계속 있을 것이다. 그런 가운데에서 건강한 마음가짐으로 살아가는 법을 배우지 못하면 우리는 제풀에 지치고 말 것이다. 그렇다면 우리는 반드시 새로운 접근법을 찾아야 한다.

우리 안에는 의심할 여지없이 권력과 지위를 바라는 마음이 있다. 하지만 그것이 우리의 가장 좋은 모습은 아니다. 우리가 가장 바람직한 모습일 때는 어떨까. 지금의 삶 자체에서 의미를 찾고 가능한 것을 이루려고 할 것이다. 우리가 생각해봐야 할 문제는 이제 등장한다. 우리가 바닷가재 나라에서 살아가고 있다면 어떤 선택을 할 수 있을까?

경쟁이 아닌 협업 선택하기

때는 9월 말이었고 내슈빌에서 미식축구팀 시애틀 시호크스와 테네시 타이탄스의 경기가 열릴 예정이었다. 당시 시호크스 수석코치 피트 캐럴과 함께 일했던 벤 맬콤슨이 내 친구다. 벤은 토요일 오후에 열리는 비공개 연습에 나와 친구들 몇몇을 초대했다. 그 연습에서 시호크스 선수들은 다음 날 경기에 대비해 그 주에 연습했던 모든 동작을 검토할 예정이었다.

나는 이런 초대를 거절하지 않는다. 시호크스 군단을 가까이에서 지켜본다면 꽤나 멋진 경험이 될 것이 분명했다.

전세 버스 세 대가 모습을 드러내더니 선수와 코치들이 차례차례 내려서 연습장을 어슬렁거렸다. 모두가 실내에 들어오자마자 호루라기가 울렸고 선수들이 각자 자기 위치로 이동했다. 선수들이 정확한 대형으로 뛰어가는 동작이 45분 동안 이어졌다. 공격 팀, 수비 팀, 스페셜 팀*후보 선수들로 구성해 경기 상황에 따라 투입하는 팀이 각각 연습을 진행했고, 마지막 호루라기가 울리자 모두가 한 자리에 모여 공식적으로 리허설을 끝냈다. 모두가 탑승하자 버스는 떠났고, 우리는 텅 빈 연습장 사이드라인에 우두커니 서 있었다. 그 순간에 나는 깨달았다. 이 경기를 하기 위해 130명이 시애틀에서 내슈빌로 왔고 그중에서 선수는 60명뿐이었다. 다시 말해 그날 사이드라인에서 팀을 뒷받침하기 위해 연습장에 있었던 사람들이 70명이었다는 뜻이다. 그들은 일요일에 열릴 경기에 참여할 일이 없지만, 그렇다고 해서 그들이 불필요한 인원이라는 뜻은 아니었다. 코치, 장비 관리자, 보안 요원, 트레이너, 팀 닥터까지 모두가 시즌 내내 선수 11명이 경기장에서 최고 기량을 뽐낼 수 있도록 최선을 다한다.

시호크스처럼 성공한 팀을 지원하는 직원들은 대부분의 사람들과 다른 방식으로 삶에 접근한다. 그들은 서열이나 지위에 집착하는 대신 다른 사람들을 지원하기 위해 자신이 무엇을 할 수 있는지에 초점을 맞춘다. "나는 누구를 위해 여기에 있을까?"라는 접근법을 취한다. 그들의 이런 유대 관계는 말로 다 정의할 수 없는 것이다.

사회의 득점판에 시선을 고정하다 보면 사다리 다음 칸을 붙잡으려고 애쓰다가 기진맥진하게 된다. 게다가 시간이 흐르면서 사다리 위로 올라가도 원하는 것을 손에 넣지 못한다는 사실을 알게 된다. 우리가 만족할 수 있는 성공은 다른 사람들과 맺는 관계에서만 얻을 수 있다.

바닷가재들은 남을 돕는 데 관심이 없다. 살아가면서 시시각각으로 득점판을 볼 때 우리는 다른 모든 사람과 경쟁하게 된다. 하지만 **경쟁이 아닌 협력을 선택하면 행복의 가치가 달라진다.**

자기중심적 사고에서 벗어나기

엄마 배 속에서 태어나는 순간부터 세상은 '나'를 중심으로 돌아간다. 울면 대기하고 있던 누군가가 나타나서 필요한 모든 것을 준다.

아장아장 걷기 시작할 무렵 "그 장난감은 '내 것'이야!"라는 말을 가장 많이 하고 누군가가 그렇지 않다고 말하는 날에는 금세 난동을 피운다. 이 시기에는 아직 다른 사람들을 배려하는 법을 학습하지 못했기 때문이다. 나이를 먹어도 때때로 이런 태도가 튀어나오지만 그 결과는 조금 다르다. "그 장난감은 '내 것'이야!"(달리 말해 "내가 주인공이야!") 같은 태도는 다른 사람들을 짓밟더라도 꼭대기까지 올라가는 태도로 이어질 수 있다. 연말 상여금을 받기 위해서라면 고객에게 손해를 끼치더라도 수단을 가리지 않는다. 성과를 강조하기 위해 실수를 덮는다. 하지만 계속해서 꼭 이런 식으로 살아야 할 필요는 없다. '내가 주인공'이라는 생각은 인간 발달에서 자연스럽게 거치는 단계이지만 우리는 그 단계를 넘어선 방향으로 진화할 수 있다.

애덤 그랜트는 저서 『기브 앤 테이크』에서 기버giver와 테이커taker라는 두 부류의 사람들을 정의한다. 그는 직장에서 대조되는 두 유형의 사람들이 어떤 모습인지 다음과 같이 설명한다.

기버는 비교적 드문 부류다. 그들은 호혜 관계에서 상대방 쪽에 무게를 두고 받은 것보다 더 많이 주고 싶어 한다. 테이커는 자기중심적이고 다른 사람들이 자신에게 무엇을 줄 수 있는지 고려하는 반면, 기버는 상대방에게 초점을 맞춰서 다른 사람들이 자신에게 무엇을 바라는지 주의를 기울인다. 이런 선호의 기준은 돈이 아니다. 기버와 테이커를 구별하는 기준은 자선단체에 기부하는 금액이나 고용주에게 요구하는 연봉 수준이 아니다. 기버와 테이커는 다른 사람들을 대하는 태도와 행동에서 차이를 보인다. 테이커는 자기가 얻는 혜택이 들여야 하는 비용보다 클 때 전략적으로 남을 돕는다. 기버는 비용과 편익을 테이커와 완전히 다르게 분석한다. 다른 사람이 얻는 편익이 자기가 치러야 하는 비용보다 큰 경우라면 언제라도 돕는다. 심지어 자기가 치러야 하는 비용은 아예 고려하지 않고, 아무런 대가도 기대하지 않으면서 남을 돕기도 한다. 직장에서 기버는 시간과 에너지, 지식, 기술, 아이디어, 연줄까지도 아낌없이 나눠주려고 애쓴다.[10]

경쟁에 지나치게 초점을 맞추다 보면 테이커가 되어야만 성공할 수 있다고 느낄 수 있다. 하지만 실은 그렇지 않다. **남들에게 초점을 맞추지만 결국에는 그런 행위가 자기 자신을 위한 일이 되는 경우가 있다.** 그랜트는 다음과 같이 주장한다.

인생은 대부분 제로섬 게임이 아니다. 모든 것을 감안할 때 호혜 관계에서 주로 주는 쪽을 선택하는 사람들은 결국 보상을 받는다. (…) 기버가 호의와 신뢰를 쌓기까지는 시간이 걸리지만 결국에는 성공을 뒷받침하는 평판과 관계를 형성한다.[11]

관계가 행복에 얼마나 큰 영향을 미치는지는 다들 알고 있다. 기버는 자기가 가진 자원과 연줄을 활용해 다른 사람들이 이기도록 돕기 때문에 모두에게 사랑받는다. 옆에서 묵묵히 시호크스 선수들을 지원하는 직원들은? 기버들이다. 그들은 선수들이 최고의 기량을 발휘할 수 있도록 돕는다.

꼭 정상에 올라야만 살아남을 수 있는 것은 아니다. 사실 우리 행복은 지위와 아무런 상관이 없다. 끊임없이 득점판을 생각하면서 자기 순위에 집착한다면 밑바닥으로 떨어질 것이다.

많은 사람이 여기에서 삐끗하게 된다. 우리 본능은 자기 자신에게 초점을 맞추고 관심을 요구하라고 말하는 반면, 우리 내면 깊은 곳에서는 작고 고요한 목소리가 다른 사람들 곁에서 봉사하고 그들이 잠재력을 꽃피울 수 있도록 돕는 데서 힘이 나온다고 말한다.

상승 욕구는 존재하지 않는 척할 수는 없다. 앞으로도 계속 존재할 것이다. 살면서 여러분은 이런 득점판을 계속 마주칠 것이고, 득점판은 여러분을 스포트라이트 마인드셋으로 되돌리려고 애쓸 것이다. 득점판을 보면 경쟁이 사회 전반의 방식임을 떠올리게 되지만, 득점판이 행복으로 이어지지 않는다는 사실을 명심해야 한다.

우리가 지금 살아가는 바닷가재 나라는 바뀌지 않을지도 모르지만, 우리는 바닷가재가 아니다. **인간은 상승 욕구를 갈망하도록 타고나지만 관계를 갈망하는 마음은 더욱 강하다.** 우리는 충실한 삶을 살아갈 수 있고, 이는 득점판에서 시선을 돌릴 때에만 가능하다.

시크릿 소사이어티의 길을 나아가기 시작하면서 놀라운 사실을 배우게 될 것이다. 여러분은 누군가에게 이기지 않아도 승리할 수 있다.

5장

인정이란 무엇인가?

우리는 다들 누군가가 자기를 봐주기 바라고,

자신이 중요한 사람이라고 인정받길 원합니다.

그러니 여러분이 누군가를 위해서 할 수 있는

가장 대단한 일은 여러분이 그 사람을 보고

그 사람의 말을 들었다는 사실을 그 사람에게

알리는 것입니다.

✦

오프라 윈프리
Oprah Winfrey

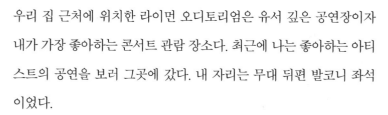

우리 집 근처에 위치한 라이먼 오디토리엄은 유서 깊은 공연장이자 내가 가장 좋아하는 콘서트 관람 장소다. 최근에 나는 좋아하는 아티스트의 공연을 보러 그곳에 갔다. 내 자리는 무대 뒤편 발코니 좌석이었다.

공연 중간에 리드 싱어가 기타를 들고 무대 중앙에 서 있다가 피아노 쪽으로 이동했다. 그가 무대 뒤쪽에 있는 피아노로 가던 중에 스포트라이트를 비추던 조명 담당자가 잠시 그를 놓쳤다. 스포트라이트는 무대 가운데에서 8자 모양을 그리며 움직였고, 모두가 조명 담당자가 얼마나 당혹스러워하는지 분명히 알 수 있었다.

리드 싱어는 상냥하게 농담하듯이 "내 곁에 머물러줘, 형"이라고

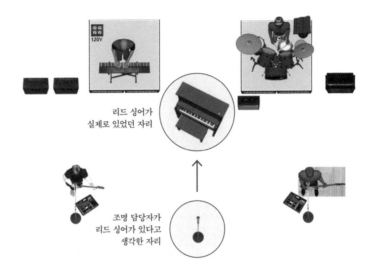

리드 싱어가
실제로 있었던 자리

조명 담당자가
리드 싱어가 있다고
생각한 자리

말했다. 관객들은 웃었고 공연은 계속됐다. 하지만 이 일은 내 머릿
속을 떠나지 않았다.

뮤지션과 조명 담당자가 호흡을 맞춰 움직였다면 관객 중 누구도
스포트라이트를 비추는 사람에 대해 생각하지 않았을 것이다. 그 존
재조차 몰랐을 수도 있다. 하지만 단 한 번의 실수로 오히려 그는 모
두의 주목을 받았다. 자신의 존재를 알릴 기회를 얻은 것이다.

조명 담당자가 매일 밤 자기 일을 완벽하게 해냈다면 아무도 그의
존재를 알아차리지 못했을 것이라는 사실이 흥미롭지 않은가? 공연
이 성공하려면 조명이 반드시 필요하지만, 조명 담당자는 좀처럼 눈
에 띄지 않는다.

마땅히 받아야 할 인정

투명 인간이 된 것 같다고 느껴본 적이 있는가? 아무리 일을 열심히 잘해도, 아무리 내가 맡은 역할이 중요해도, 내가 하는 일의 깊이와 폭을 제대로 이해해주는 사람이 없다고 느끼는가?

받아들이기 어렵겠지만 어쨌든 중요한 진실은 이렇다. 여러분이 정말 많은 일을 열심히 해내고, 아무리 중요한 역할을 맡고 있더라도 완전히 인정받는 일은 결코 없을 것이다.

이는 회사에서 어떤 지위에 있는지와 관련 없이 우리 모두에게 적용되는 진실이다. 먼저 팀을 이끌어야 한다는 무게를 짊어지는 사람들을 생각해보자. 예를 들어 대통령을 떠올려보자. 나는 대통령은 가장 어려운 상황이나 문제만을 다룬다는 말을 들은 적이 있다. 쉬운 해결책이 있다면 그 문제가 대통령 책상에 오르기 전에 이미 누군가가 해결했을 것이기 때문이다.

보통 사람들은 계속해서 연달아 화재를 진압해야 하는 스트레스를 완전히 이해하지 못할 것이다. 시간을 조금만 착각해도 월급으로 집세를 내고 식료품을 사는 팀원(때로는 팀원의 가족들까지)에게 피해를 줄 수 있다는 생각을 하면서 현금 흐름을 관리하는 스트레스 역시 충분히 이해하기는 어렵다.

다음으로 팀에서 지원 역할을 담당하는 대다수의 사람들을 생각해보자. 그들의 역할은 상관의 역할과 다르지만 당사자가 느끼기에 그 스트레스는 전혀 가볍지 않다. 대부분의 회사에서 인력은 모자라기 마련이므로 직원 각자가 감당해야 할 몫이 벅차게 느껴질 수 있다. 예산 삭감으로 팀원 수가 줄어들어서 여섯 명이 했던 일을 세 명이서 해내야 한다. 그 어느 때보다도 한꺼번에 많은 일을 처리해야 하지만, 끊임없이 닥치는 마감 기한을 맞추려고 장시간 일하는 가운데 많은 부분을 놓치게 된다.

팀에서 어떤 역할을 맡고 있든 간에 사람들은 대부분 누군가 하루하루 해나가는 모든 업무를 완전히 이해할 수 없다. 그러다 보니 제대로 인정받지 못하는 일이 생긴다. 남들이 모르는데 어떻게 완전히 인정받을 수가 있겠는가? 여기에서 악순환이 발생한다. 맡은 바 역할을 다하는 과정에서 사람들이 완전히 이해하지 못하는 부분이 너무 많고, 제대로 인정받지 못한다. 그렇게 시간이 흐르다 보면 자신의 가치에 의문을 느끼기 시작한다.

이해 ⋯→ 인정 ⋯→ 가치

스스로 가치가 없다고 느낄 때 어떤 일이 일어날까? 시간이 지나면서 일에 대한 열정이 사라지거나 허탈감이 생기고 다른 일을 찾기 시작한다. **한때 사랑했던 일이더라도 스트레스에 시달리는 날이 이어지고 제대로 평가받지 못한다고 느끼면 열정이 지속되기는 어렵다.**

이런 기분을 느끼고 싶어 하는 사람은 없다. 인정받고 싶은 욕구는 약점이 아니라 인간적인 면모다. 앞서 바닷가재 나라를 이야기하면서 우리 인간은 태어날 때부터 주목을 바라고 다양한 위계질서의 정상에 오르려는 욕구를 가지며 사회 역시 이를 부추긴다고 설명했다. 인정 욕구 역시 마찬가지다. 우리는 좋은 의도에서 비롯되는 인정 욕구를 타고난다. 대체 누가 스스로 가치 있다고 느끼고 싶지 않겠는가? 이와 관련해 오프라 윈프리는 다음과 같이 밝혔다.

오랫동안 수많은 방송에서 이야기를 나누면서 알게 된 사실이 있습니다. 모든 인간은 누구나 인정받고 싶어 한다는 것입니다. 우리는 다들 누군가가 자기를 봐주기를 바라고, 자신이 중요한 사람이라고 생각하고 싶어 합니다. 그러니 여러분이 누군가를 위해서 할 수 있는 가장 대단한 일은 여러분이 그 사람을 보고 그 사람의 말을 들었다는 사실을 그 사람에게 알리는 것입니다.[1]

자신의 지위나 맡은 바 역할에서 얼마나 눈에 띄는지 여부와 상관없이, 우리 모두가 인정받고 싶은 욕구를 타고난다. 문제는 인정받고 싶다는 욕구 그 자체가 아니다. 이는 바람직하고 건전한 욕구일 수 있다. 문제는 그런 바람직한 욕망이 건전하지 않게 우리 삶을 덮칠 때 일어난다. 바로 스포트라이트 마인드셋이 작동할 때다.

함께 일하는 사람들이 나를 제대로 봐준다는 느낌이 들지 않을 때 스포트라이트 마인드셋이 거짓말을 속삭이기 시작한다. '넌 마땅히 받아야 할 인정을 못 받고 있어'와 같은 단순한 생각이 계속 반복되면 부정적인 사고로 이어지고 우리 안에 쌓여가던 억울함이나 좌절이 행동으로 드러나게 된다. 스포트라이트 마인드셋이 작동하는 징

후가 나타나기 전까지는 억울한 마음이 있는지도 모른다. 이런 일은 누구에게나 일어날 수 있다. 팀원이든 대표든 간에 자기가 기여한 바를 아무도 잊지 않도록 팀 앞에서 자화자찬하기 쉽다. 주목과 인정을 요구하기 시작하면 우리가 일하면서 정한 목표를 향해 나아가는 데 방해가 될 뿐만 아니라 성취감을 느끼기도 어려워진다.

자기가 한 일에 대해 마땅히 받아야 할 인정을 받지 못하는 순간에, 시크릿 소사이어티 사람은 남들과 다르게 대응한다.

인정 격차

현실에서 우리는 그렇게 많은 것을 바라지 않는다. 일을 해주고 나서 상대방에게 그냥 "고맙습니다"라는 말만 들어도 충분하다. 사실 우리가 그리 대단한 것을 바라지 않는다는 것을 알고 있고, 그렇기 때문에 봐주는 사람이 없다고 느낄 때 더욱 힘들다.

인정을 표현하는 행위는 정말로 간단하다. 그런데도 사람들은 대부분 인정을 표현하는 데 익숙하지 않다. 나쁜 사람들이어서 그런 것이 아니다. 그냥 해야 할 일에 쫓기다 보니 바쁘기도 하고 실제보다는 자기가 더 잘 표현한다고 생각할 가능성이 높다.

당신이 상사에게 얼마나 인정받고 있는지(인정받지 못하고 있는지) 생각해보자. 안타깝게도 모든 사람이 상사에게 인정받고 싶어 하는 반면, 관리자 역할의 본질은 이와 반대다. 관리자들은 여러 사람과 프로젝트를 관리하고 있어서 당신이 하는 일에 얼마나 많은 노력이

들어가는지 잘 모른다. 그들은 다른 업무를 생각하느라 여러분의 노력과 여러분이 처리하고 있는 수많은 일들을 최우선으로 떠올릴 여유가 없다.

눈에 띄지 않는 곳에서 일하는 사람들에게는 정말 답답한 일이지만 관리자들은 자기가 직속 부하를 얼마나 인정하고 있는지 과대평가하는 경우가 많다.『순간의 힘』의 저자 댄 히스는 스토리브랜드 팟캐스트에 게스트로 출연했을 때 이 문제를 언급하면서 다음과 같이 말했다.

이를 잘 보여주는 훌륭한 연구가 있어요. 관리자들에게 "직속 부하가 한 업무를 자주 인정하고 칭찬합니까?"라고 질문하면 80퍼센트가 "예, 그렇게 합니다"라고 대답합니다. 그들의 직속 부하들에게 "여러분 상사가 여러분이 한 일을 자주 인정해줍니까?"라고 물어보면 20퍼센트만이 그렇다고 답하죠. 이를 가리켜 우리는 '인정 격차recognition gap'라고 해요.[2]

조직을 이끄는 위치에 있는 사람들도 비슷한 감정을 느낀다. 일이 순조롭게 돌아갈 때, 자기가 하고 있는 모든 세세한 일들을 아무도 모르는 것만 같다.

여러분의 동료나 직속 부하, 지도자들이 여러분을 인정해주기를 기대하다 보면, 여러분도 상대방도 모두 실패하게 된다. 일어날 가능성이 낮은 일에 희망을 걸고 있으므로 여러분은 실패를 자초하는 셈이다. 동시에 여러분은 상대방이 충족할 수 없는 기준을 들이밀어서 상대방도 실패로 내몬다(댄 히스가 제시한 통계가 이를 증명한다).

인정하는 문화를 만들자

상대방에게 기대를 걸어서 해결되지 않는다면 이제 변화를 만들 수 있는 사람은 오직 한 사람, 당신뿐이다. 시크릿 소사이어티에는 인정하는 문화를 시작하고 장려하는 책임을 스스로 짊어진 사람들이 넘친다.

먼저 사소하고 쉽게 성취할 수 있는 행동부터 시작해보자. 나는 이를 가리켜 '감사 표시'라고 부른다.

내 친구 세라 슬로얀은 안트러리더십EntreLeadership에서 오랫동안 전무로 일했다. 안트러리더십은 데이브 램지가 운영하는 사업 중 하나로 경영주들이 더 훌륭한 지도자가 될 수 있도록 돕는다. 슬로얀이 그곳에서 일할 때 나는 그들 팀과 최대한 많은 시간을 보내려고 항상 노력하곤 했다. 그들과 시간을 보내고 나면 우리 팀을 발전시키기 위해 시행할 수 있는 수많은 팁과 조언을 얻을 수 있었기 때문이다.

한번은 슬로얀이 주간 직원회의에 나를 초대했다. 나는 처음부터 그 회의가 재미있는 회의가 될 것임을 직감했다. 회의실에서 에너지를 느낄 수 있었고, 모두가 그곳에 있고 싶어 했다.

회의는 미리 정해진 안건에 따라 진행됐고, 빙 둘러선 50명쯤 되는 직원들에게 다음 주에 명심해야 할 중요한 사항을 알려줬다. 회의가 끝날 무렵, 직원들은 흥에 겨워 진심으로 회사 매출 상승을 축하했다.

회의를 끝마치면서 감사 표시를 하는 자리도 있었다. 이 자리에서 팀은 동료들의 노고에 고마움을 표하는 자리가 있었는데 이날은 고객들에게 최신 변경 사항을 선보인 개발자가 감사 표시를 받았다. 그외에도 몇 사람이 격려를 받았고 회의는 분위기 좋게 끝났다.

직원들이 자기 자리로 돌아가는 가운데 나는 어떻게 하면 스토리브랜드에서도 이렇게 서로를 격려하고 인정하는 자리를 마련할 수 있을지 고민했다. 슬로안 팀은 놓치기 쉬운 부분에 최소한의 노력을 들여 스포트라이트를 비춤으로써 회의실 전체의 에너지를 끌어올렸다. 웹사이트 변경을 개발자의 기본 업무로 여길 수도 있다. 하지만 이 팀에서는 그러지 않았다. 그들은 훌륭한 업무 수행을 인정해준다.

이 회의를 생각하면 매주 회사를 위해서 출장을 다니는 영업사원이 떠오른다. 출장은 영업사원의 업무 가운데 하나라고 볼 수도 있다. 하지만 다음 직원회의에서 누군가가 영업사원에게 감사 표시를 하면서 다음과 같이 말한다면 어떨까?

영업사원은 두 가지 일을 주로 합니다. 바로 출장과 판매죠. 하지만 그 업무에 대해 사람들이 모르는 점이 많아요. 요전에 당신은 이른 시간에 비행기를 타느라 새벽 3시 30분에 알람을 맞춰서 얼마 전에 태어난 아이까지 깨우고 말았죠. 몇 주 전에는 집으로 돌아오는 비행기가 연착되는 바람에 부인 생일축하 자리에 함께하지 못한 적도 있었습니다. 이런 일이 있었는지 아무도 모르는 이유는 당신이 대수롭게 여기지 않았기 때문입니다. 이런 일이 벌어져도 당신은 당연하게 받아들이죠. 하지만 우리는 당신을 지켜보고 있고 이 업무가 당신의 삶 전반에 피해를 줄 수 있다는 사실을 알고 있어요. 고객들이 당신을 무척 좋아한다는 사실도 압니다. 당신이 맡은 일을 훌륭하게 해내고 고객들을 잘 관리해준 덕분에 우리 모두가 발전하고 이 회사가 번창하고 있어요. 당신의 모든 노고에 감사드립니다!

회의에서 이 말을 하는 데 얼마나 걸릴까? 30초 정도? 반면에 이 말을 들은 영업사원이 어떤 기분일지 상상해보자.

우리가 다른 사람들을 인정하고 상대방이 스스로 가치 있다고 느끼게 하면 우리도 스스로 가치 있다고 느끼게 된다. 우리는 모두 같은 공기를 마신다.

안트러리더십에서 깊은 감명을 받은 나는 곧바로 우리 회사 회의 시간에 직원들께 감사 표시를 하기로 했다. 그리고 나는 이 시간을 손꼽아 기다리게 됐다. 이렇게 잠깐 인정하는 시간도 내지 못할 정도로 바빠지는 날은 아마도 상황 파악을 제대로 못하는 날일 것이다.

회의를 소집할 권리가 있는 사람이어야만 감사 표시를 할 수 있는 것은 아니다. 사실 공식적인 감사 표시 시간이 없더라도 이를 직장 문화에 심을 수 있다. 굳이 누군가에게 허락을 받을 필요는 없다. 남들 앞에 나설 때든 그렇지 않을 때든, 틈틈이 기회를 봐서 동료들의 영향력을 이야기할 수 있다. 그렇게 하면 다른 동료들 역시 깜짝 놀랄 정도로 비슷하게 반응할 것이다.

격려하는 말은 화폐와 같다. 사람들에게 감사를 전하는 데 그 가치가 있다. 자선가가 돈을 나누어주듯이 인정을 베풀자. 감사하는 마음을 굳이 공개적으로 나타낼 필요는 없다는 사실도 명심하자. 사람들이 다 보는 자리에서 인정받는 자체를 즐기지 않는 사람도 있다. 하지만 세상의 이목을 즐기지 않는다고 해서 인정받고 싶은 욕구가 없다는 뜻은 아니다. 정말 간단하게 손으로 직접 쓴 메모를 책상에 남기는 것만으로도 충분할 수 있다. 글로 전하는 인정도 말로 전하는 인정과 똑같은 힘을 발휘할 수 있다.

펩시코PepsiCo 전 회장이자 CEO인 인드라 누이는 독특한 방식으로 감사하는 마음을 전달했다. 누이는 직원 부모에게 감사 편지를 썼다. 그는 어머니를 만나러 인도에 갔다가 방문객들이 성공한 기업의 CEO가 된 딸을 키워낸 어머니에게 축하를 건네는 모습을 보고 영감을 얻었다. 그때 누이는 '우리가 성공하기까지 부모가 기여하는 공이 무척 큰데도 부모는 자녀의 삶에 미친 영향을 제대로 인정받지 못한다'고 생각했다.[3] 인도에서 돌아온 누이는 직원 부모들에게 자녀를 훌륭히 키워낸 점, 펩시코의 커다란 자산이 되어줘서 고맙다는 감사 편지를 쓰기 시작했다. 당연한 말이지만 부모와 직원 모두가 이런 감사 표시에 깊은 감명을 받았다.

이런 감사 표시가 직원 가족들과 기업 문화에 어떤 영향을 미쳤을지 상상할 수 있겠는가?

스토리브랜드의 우리 팀도 이 문화를 도입했는데 CEO인 도널드 밀러가 누구보다도 열심이다. 우리는 직원들의 입사기념일을 크게 기념했다. 직원들이 회사에 투자한 세월과 나날이 얼마나 회사의 성장에 크게 기여했는지를 기념하고 싶었다.

하지만 모든 기업들이 그렇게 생각하지는 않는다. 우리는 경험하는 사람과 사물을 그대로 비추는 거울이 될 수도 있고 이에 반응할 수도 있다. 사실 입사 5주년을 맞았을 때 나는 도널드 밀러에게 정말 좋은 선물을 받고 깜짝 놀랐다. 그날 밀러는 내 사무실로 들어와 포장한 상자를 내게 건넸다. 열어 보니 멋진 시계가 있었다. 하지만 정작 내가 눈물을 보였던 이유는 시계에 동봉된 손으로 쓴 메모에 있었다.

귀하는 지난 5년 동안 정말 놀라운 성과를 달성했습니다. 이 회사를 세우기도 했지만 회사를 넘어서 공동체를 꾸렸습니다. 스토리브랜드 직원들은 서로 사랑합니다. 모두 귀하가 만든 분위기와 귀하의 존재 덕분입니다. 회사를 세우기란 무척 어려운 일입니다. 회사를 세우려고 시도한 사람 중에 성공하는 사람은 정말 소수입니다. 하지만 귀하는 단지 회사를 세우는 데 그치지 않고 번창하는 회사로 만들었습니다. 회사는 성장하고 있고, 우리 모두 회사와 함께 성장하고 있습니다. 귀하 덕분에 우리는 지금처럼 정답고 유능한 공동체가 될 수 있었습니다.

입사 5주년을 기념할 선물을 준비했습니다. 하지만 귀하에게 드리는 선물이라기보다는 자녀분께 드리는 선물입니다. 앞으로 언젠가 자녀분이 난관에 부딪친다면 자녀에게 이 선물을 주면서 어려운 일을 잘 해낼 수 있는 힘이 자기 안에 있음을 일깨주십시오.

사랑을 담아서

도널드 밀러

이런 축하를 받고 내가 얼마나 큰 에너지를 느꼈을지 상상할 수 있겠는가? <mark>말에는 힘이 있고 존경하는 사람에게 들은 말은 더욱 큰 힘을 갖는다.</mark> 시간을 내서 격려문 몇 문장을 쓰는 지도자는 몇 주, 나아가 수개월에서 수년까지도 지속될 수 있는 사기를 북돋울 수 있다.

우리 팀도 CEO인 밀러가 팀에 기여한 가치를 인정하고자 노력했다. 기억하자. 지도자 역시 다른 사람들처럼 자기를 봐주는 사람이 있고 인정받는다고 느끼고 싶어 한다.

몇 년 전에 우리 팀이 도널드 밀러와 함께 영상을 촬영했던 날, 나는 팀원에게 이런 문자를 받았다.

우리 대표님은 정말 정확하게 소통하세요! 특히 오늘 영상을 촬영하면서 대표님께 정확하게 소통하는 방법을 정말 많이 배웠어요. 제작과 제반 사항이 복잡하다 보니 세부 사항에 발목을 잡히기 쉬운데 이렇게 배울 수 있다니 정말 놀라워요. 대표님은 정말 훌륭하세요. 놀라울 정도로요!

이 문자를 받고 나서 나는 "직원들이 사장님에 관해서 어떤 뒷담화를 하는지 아실 필요가 있어요"라고 써서 팀원이 보낸 문자와 함께 밀러에게 보냈다.

팀원들을 인정하는 데 진심인 팀의 일원이 된다는 것은 특별한 일이다. 하지만 이밖에도 여러분이 시크릿 소사이어티 회원으로서 주목받는 느낌의 힘을 경험할 수 있는 방법이 있다.

아무도 내 말을 따르지 않는다면?

도저히 당신을 제대로 인정해주지 않는 직장 문화에 직면할 때 어떻게 하는가? 무엇을 하든, 그 방향으로 걸음마를 떼고 싶어 하는 사람이 아무도 없는 것 같을 때 어떻게 해야 할까?

먼저 피해자처럼 굴면서 상심하는 선택지가 있다. 상황이 절대 유리한 쪽으로 바뀌지 않을 것이며 지금까지도 늘 그런 취급을 받아왔다는 거짓말을 믿는 선택지도 있다. 스포트라이트 마인드셋이라는 함정에 빠져 관계를 망치는 한이 있더라도 관심과 인정을 요구할 수도 있다. 직장을 그만두고 다른 일을 찾을 수도 있다. 당신을 기다리고 있는 더 나은 팀이 어디엔가는 있다고 믿을 수도 있다. 건전한 인정 문화가 자리 잡은 회사를 찾아서 일자리를 전전하는 방법도 있다. 하지만 그렇게 한다고 해도 이런 직장 문화를 찾는다는 보장은 없다.

상황을 고려한다면 이러한 선택들도 타당할 수 있다. 하지만 인정받는 기분을 느끼기 위해 꼭 직장을 포기하거나 그만두거나 바꿀 필요는 없다.

나는 대안을 제시하고 싶다. 더 큰 만족과 기쁨을 누릴 수 있는 대안, 시크릿 소사이어티로 이끄는 대안을 소개하고 싶다. 바로 **시선을 내면으로 돌려 내 안의 추진력, 그저 일을 함으로써 계속 나아갈 수 있는 동기를 찾는 것이다.** 아이러니하게도 이렇게 하면 외부 상황이 반드시 바뀌기 시작할 것이다. 하지만 외부 상황이 바뀐다는 보장이 없더라도 일 그 자체가 보상임을 깨닫게 될 것이다.

불가능한 소리라고? 나는 시크릿 소사이어티 회원들과 다른 사람들을 구분 짓는 자질이 바로 내면의 추진력이라고 말하고 싶다. 그들은 칭찬이나 주목을 받을 목적이 아니라 일 그 자체와 그 일로 달성할 수 있는 가치에서 일하는 동기를 찾을 수 있다.

가치와 인정은 동일하지 않다

우리의 가장 큰 문제는 누군가가 우리를 봐주고 가치 있게 여겨주기를 바라는 마음이 아니다(그것은 그냥 인간다움이다). 문제는 특정한 종류의 인정에 의지해서 우리 가치를 확인하려고 한다는 점이다. 크리스 헤지스는 자신의 책 『미국의 굴욕』에서 다음과 같이 설명했다.

명성을 얻는 것과 타인과 연결되는 것은 둘 다 유명해지는 방법이다. 현대인의 자아가 원하는 것이다. 현대인은 인정받고 싶어 하고 연결되고 싶어 한다. 눈에 띄고 싶어 한다. 〈서바이버〉나 〈오프라 윈프리 쇼〉 같은 프로그램에 나가 수백만 명에게 알려지면 좋고, 그렇지 않으면 트위터나 페이스북에라도 알려지고 싶어 한다. 우리는 타인의 눈에 띌 때

비로소 스스로를 인정하고, 자기 자신에게 진짜가 된다. 현대인이 느끼는 가장 큰 공포는 익명성이다.[4]

왜 우리는 익명성을 그토록 두려워할까? 이는 우리가 자신이 인정받는 정도에 비례해 스스로의 가치를 판단하기 때문이다. 우리는 자신이 주목받는 만큼 가치가 있다고 생각한다. **하지만 무대 위에 서거나 남들 눈에 띄거나 인정받는 데서 자신의 가치를 찾을 필요는 없다.**

물론 인정과 가치를 분리하기란 그리 쉬운 일이 아니다. 인정을 받지 못할 때 자신이 가치가 없다는 생각이 머릿속을 떠나지 않는다. 이런 생각에 이끌려 부정적인 소용돌이에 휘말리기보다는 적극적으로 남들을 인정하는 사람이 되어 상황을 바꿀 수 있는 방법을 찾아보자.

'음, 그렇게 해봐야 다른 사람들의 문제를 해결할 뿐이지, 내 문제는 해결되지 않잖아! 사람들이 내가 한 일을 인정하게 만들 수는 없잖아'라고 생각할 수도 있다. 물론 여러분이 다른 사람들을 통제할 수는 없다. 그러나 언젠가는 여러분도 그런 분위기 덕분에 인정받는 날이 올 것이다.

진정으로 전 세계 기업들의 문화를 바꾸고 싶다면 시크릿 소사이어티로 함께 뭉쳐 일상에서 인정을 실천해나가야 한다.

언젠가는 회사의 CEO를 비롯한 모든 직책의 사람들이 계속해서 주위를 둘러보면서 그냥 지나치기 쉬운 다른 직원들이 한 일에 주목하는 날이 왔으면 좋겠다. 그런 날이 오면 상사들은 팀원들이 남들

모르게 한 일을 알아차리고 그 일을 해줘서 고맙다고 전할 것이다. 팀원들이 상사를 인정하고 높이 평가할 것이다. 또한 모든 팀들이 직원회의에서 감사를 나누는 시간을 갖고, 누군가 지켜보는 사람이 있고 보살핌을 받고 있다고 느끼게 되는 체계를 만들 것이다.

우리는 자신이 통제할 수 있는 것만 통제할 수 있다. 그런 맥락에서 나는 "당신이 세상에서 보고 싶은 변화가 돼라"라는 충고를 다시 한번 되풀이하고 싶다. 당신이 되돌려 받든 그렇지 않든 평소에 다른 사람을 인정하는 사람이 돼라.

여러분이 동료를 옹호하는 사람이 되는 길을 선택했으면 좋겠다. 시크릿 소사이어티 일원으로서 굉장한 일을 했는데도 다른 누구에게도 주목받지 못한 사람을 꼭 인정해주도록 하자. 궁극적으로는 다른 사람들이 스스로 가치 있다고 느끼도록 해주고 아무도 봐주는 사람이 없다는 기분을 덜어주도록 하자.

나아가 나는 여러분이 자신의 가치는 얼마나 남들에게 인정받는가에 따라 달라지지 않는다는 사실을 깨닫기 바란다. **관심을 끌려고 손을 드는 데 시간을 쓰기보다는 여러분이 열정을 느끼는 대상을 만들어 나가는 데 시간을 투자하자.** 거창할 필요는 없다. 사실 그게 무엇이든 시작은 사소할 것이다.

6장

한 번에 한 인생씩

진짜 큰일을 하는 방법은

어이없을 정도로 사소한 일부터

시작하는 것에 있다.

✦

폴 그레이엄*
PAUL GRAHAM

* 영국의 프로그래머

성공한 기업들의 이야기를 듣다 보면 그 시작이 얼마나 초라했는지는 잊기 쉽다. 대개 많아봐야 몇 명 안 되는 사람들이 모인 팀으로 시작했다. 지금 눈앞에 보이는 성공을 모방하겠다는 마음에 목표를 설정하다 보면 현재 우리 모습에서 몇 단계 앞서 있는 기업이나 역할을 노리기 마련이다. 그러다가 원하는 목표를 손에 넣기까지 너무 오래 걸린다는 사실에 좌절한다. 구축하는 단계는 건너뛰고 남들이 가진 영향력을 손에 넣고 싶어 한다. 당장 성공을 원한다. 기업가들뿐만 아니라 큰 팀과 기업에 속한 사람들도 마찬가지다. 꼭대기 층에 자리 잡은 화려한 사무실은 분명 그 나름의 매력이 있다. 하고 싶지 않은 일은 전부 남에게 시킬 수 있는 힘을 줄 것 같고 사람을 거느릴 수 있을 것처럼 보인다. 현재 일상 업무에 시달리지 않아도 될지 모른다.

흔히 플랫폼이나 무대로 표현되는 범위에는 전망 좋은 사무실과 엄청난 영업 실적, 대기업, 넓은 인맥 같은 것들이 포함된다. 큰 플랫폼을 갖거나 무대에 서는 일 자체가 나쁜 것은 아니다. 좋은 일을 할 수 있는 훌륭한 기회가 될 수도 있다. 하지만 무대가 우리를 행복하게 만들 것이라거나 우리가 치른 모든 고생을 보상하고 삶의 만족을 가져오는 열쇠가 될 것이라는 생각은 오해다. 이는 스포트라이트 마인드셋이 속삭이는 거짓말이다.

스포트라이트 마인드셋은 다음과 같은 이유로 무대의 필요성을 역설한다.

- 새로운 사업을 시작하기 위해서
- 중요한 인물이 되기 위해서
- 사람들에게 깊은 인상을 주기 위해서
- 출세하기 위해서

하지만 시크릿 소사이어티 회원들은 무대에 개의치 않는다. 한 번에 한 인생에 초점을 맞춘다. 그렇게 하면 사람을 깜짝 놀랄 만한 곳으로 이끌 수 있다.

내 친구 존 에이커프는 머릿속에서 계속 반복되는 생각을 가리켜 '사운드트랙'이라고 부른다. 만약 머릿속에 "나에게는 플랫폼, 무대가 필요해", "내 인생이 중요해지려면 수많은 사람들을 감동시켜야

해" 같은 생각이 계속 맴돈다면 여러분은 영원히 불행의 회전목마에서 내리지 못할 것이다. 하지만 다른 선택지도 있다. 에이커프가 자신의 책 『생각도 생각이 필요해』에서 추천하듯이 여러분은 망가진 사운드트랙을 새로운 사운드트랙으로 교체할 수 있다.[1] "한 번에 한 인생씩. 그것으로 충분해"라는 말을 스스로에게 되뇔 수 있다. 결말을 미리 밝히는 셈이지만 사실 이것이 이번 장의 핵심이다. 시크릿 소사이어티 회원들은 이런 사고방식을 채택했고, 여러분도 이런 식으로 생각할 수 있다.

세월이 흐르면서 '한 번에 한 인생씩'이라는 접근 방식은 발전하게 될 것이고 언젠가 여러분은 큰 기업이나 팀을 운영하게 될 것이다. 직접 만들어나갈 운영 기반을 떠올려보자. 여러분은 자기 세력이 미치는 범위의 크기보다 각 개인과 소통하는 깊이에 더 초점을 맞출 것이다. 그러면서 목표를 달성하게 될 것이다.

먼저 시크릿 소사이어티 회원인 블레이크 마이코스키 이야기를 들려주고자 한다. 마이코스키가 세운 회사 탐스TOMS가 어떻게 단순한 아이디어에서 출발해 세계에서 가장 빠르게 성장하는 신발 브랜드로 성장했는지 이야기할 것이다.

어떻게? 한 번에 한 인생씩.

변화의 시작은 단순하다

마이코스키는 글로벌 신발 브랜드를 시작하려고 생각한 적이 없었다. 계속해서 새로운 기업을 설립해온 마이코스키는 20대 중반에 이미 다양한 사업을 시작했다. 이 기업들 중 하나를 운영하던 중에 휴식이 필요하다고 느낀 그는 폴로 경기를 배우려고 아르헨티나로 갔다.

아르헨티나로 온 지 몇 주가 지났을 때 마이코스키는 와인 바에서 두 여성의 대화를 듣게 됐다. 그는 두 사람에게 다가가 아르헨티나에서 무슨 일을 하고 있는지 물었고, 그들은 신발을 기부하는 일을 한다고 대답했다. 이들은 부에노스아이레스의 부유층 가정에서 곱게 쓴 신발들을 모아 근교 마을에 사는 빈곤층 아이들에게 나눠줬다. 이 마을에는 가족 수만큼 신발을 갖고 있지 않은 가정이 많아서 아이들이 신발을 번갈아 가며 신었고, 학교도 번갈아 가며 갈 수밖에 없었다. 이들은 마이코스키에게 기부 행사에 참여할 생각이 있는지 물었고, 그는 바로 다음 주에 참가했다. 이때만 해도 그는 자기 인생을 영영 바꿔버릴 경험을 하게 될 것이라고는 생각하지 못했다.

그날 밤 마이코스키는 자기에게 폴로를 가르쳐주던 강사 알레호에게 그 경험을 전부 이야기했다. 빈곤층 가정들이 겪고 있는 난관부터 신발 한 켤레가 가져오는 변화까지 모든 내용을 공유했다. 이야기를 들은 알레호는 마이코스키에게 잊을 수 없는 질문을 했다. "그 신발들이 닳거나 아이들 발이 자라면 어떻게 하죠?"

마이코스키에게 아이디어가 떠올랐다. 미국에서 누군가에게 신발 한 켤레를 팔고 그 구매 금액으로 어려운 누군가에게 신발 한 켤레를 선물한다면 어떨까? 단순하지만 참신한 개념이었다. 이 아이디어가 비즈니스 환경에 대단한 충격을 주려는 의도를 가진 것은 전혀 아니었다. 마이코스키는 그저 미국 사람들에게 신발을 팔아서 번 돈으로 신발 250켤레를 마련해 다가오는 크리스마스에 자기가 방문했던 아르헨티나 마을로 돌아가 아이들에게 한 켤레씩 나눠주려고 했을 뿐이었다.

알파르가타alpargata*바닥은 주로 황마, 윗부분은 천으로 만드는 가벼운 신발는 아르헨티나에서 흔한 신발이지만 미국에서는 독특한 스타일이었다. 마이코스키는 이 신발이 잘 팔릴 것이라고 직감했다. 그는 아르헨티나 신발 제작자들과 협력해 샘플을 몇 가지 만든 다음, 250켤레를 가지고 로스앤젤레스로 가는 비행기에 올랐다. 마이코스키는 이 부업을 가리켜 '사적이고 신나는 자선 실험'이라고 불렀다.[2]

로스앤젤레스에서 마이코스키는 힘닿는 대로 알파르가타를 팔았고, 소매업체인 아메리칸 랙American Rag도 매장에서 알파르가타를 판매하기로 했다. 《로스앤젤레스 타임스》에 기고하는 유명 패션 기자가 이 신발 이야기를 듣고 와서 마이코스키를 인터뷰했다. 신문에 기사가 실린 다음날 들어온 주문은 2200건이었다.

오타가 아니다. 2200건이 들어왔다. 마이코스키가 가져온 250켤레를 훨씬 웃도는 주문량이었다. 이는 엄청나게 심각한 문제였다.

마이코스키는 아르헨티나로 다시 날아가 샘플을 만들었던 신발 제작처 한 곳으로 향했고, 대단히 중요한 세 단어를 말했다. "무초스 사파토스 라피도Muchos zapatos rápido!"(많은 신발 빨리!)

밀려든 첫 주문을 채우기까지 몇 주일이 걸렸고, 마이코스키는 고객 서비스를 감당하기 위해 미친 듯이 도움을 요청했다. 신발 사업은 금방 큰 인기를 얻었고 이후로도 계속 성공 가도를 달렸다. 덕분에 첫 번째 신발 수송(탐스는 기부 여행이라고 부른다)에서 처음에 기부하려고 했던 250켤레를 훨씬 넘어선 1만 켤레를 나눠줄 수 있었다.

탐스를 처음으로 세상에 알린 매체는《로스앤젤레스 타임스》였지만, 얼마 지나지 않아 패션지《보그》가 특집 기사로 다루면서 엄청난 인기를 끌게 됐다. 탐스는 출시 첫해에 30만 달러, 이듬해에 300만 달러, 3년 차에는 1500만 달러, 4년 차에는 6000만 달러에 달하는 수익을 올렸고, 7년 만에 4억 5000만 달러를 벌어들였다. 마이코스키는 "우리는 전 세계에서 가장 빠르게 성장하는 신발 회사가 됐습니다. 미친 듯한 성장세였죠"라고 설명했다.[3]

'일대일' 기부라는 참신한 비즈니스 모델은 한 번에 한 아이와 한 마을에 영향을 미칠 수 있었다. 어떤 지표로 보더라도 마이코스키는 성공을 거뒀다. 하지만 그는 스포트라이트를 받겠다는 일념으로 성공을 거둔 것이 아니었다. 또한 신발을 9500만 켤레 판매하겠다거나 제품 절반을 기부하는 참신한 비즈니스 모델로 패션업계에 지각 변동을 일으키겠다는 목표도 설정하지 않았다. 그런데도 이 두 가지 일이 실제로 일어났다. 아무런 기반 없이 시작한 일로 이룬 성과였다. 마이코스키는 한 마을의 아이들에게 신발을 나눠주겠다는 마음으로 움직였고, 그 일이 어떻게 될지 상관하지 않고 무작정 뛰어들었다.

두 번째 기회

베카 스티븐스는 힘겨운 어린 시절을 보냈다. 다섯 살 때 음주 운전 사고로 아버지를 잃었고 얼마 지나지 않아 가족과 친했던 사람에게 성적 학대를 받았다. 하지만 스티븐스는 이런 트라우마에 놀라울 만큼 잘 대응했다.

1997년, 당시 30대 중반이었던 스티븐스는 여성 노숙자 몇 명과 친구가 됐다. 스티븐스는 그 노숙자들이 상처를 치유할 수 있도록 돕고 싶었다. 스티븐스는 기금을 모아 내슈빌에 있는 집 한 채를 여성 노숙자 다섯 명에게 내주었고, 길거리 생활에서 벗어난 그 여성들은 치유 여정에 나섰다.

합숙 생활을 시작한 지 몇 년이 흐르면서 그들은 순조롭게 회복했지만 경제적으로 자립하는 데에 어려움을 겪었다. 전과 기록이 있는 사람이 일자리를 구하는 것은 거의 불가능한 일이었다. 그래서 스티븐스는 이 집에 사는 이들과 몇몇 자원봉사자들을 모아 교회 지하실에서 양초를 만들어 판매하면서 소득을 올리기 시작했다. 2001년에는 시슬팜스Thistle Farms라는 이름으로 정식으로 사업체를 개시했다.

길거리에서 매춘부나 노숙자를 만났을 때 사람들은 "무슨 짓을 했어요?"라고 묻기 쉽다. 이 질문에는 '이렇게 살 만한 짓을 했을 거야'라는 생각이 깔려 있을지도 모른다. 스티븐스는 "시슬팜스에서 일하는 여성들 중에 오롯이 자기 잘못으로 길거리에 나온 사람은 없어요. 고장 난 시스템과 망가진 공동체가 그들을 길거리로 내몰았어요. 시슬팜스에서 일하는 여성들은 평균 일곱 살에서 열한 살 사이에 처음으로 강간을 당했고, 열네 살에서 열여섯 살 사이에 처음 길거리로 나왔어요"라고 설명했다.[4]

회복 과정을 거쳐 지금은 시슬팜스에서 봉사활동 책임자로 일하고 있는 리자이나는 "자기가 원해서 길거리 생활을 하거나 매춘을 하는 여성은 없어요. 그들의 과거를 거슬러 올라가 보면 하나같이 '가진 게 이것뿐이야'라거나 '누군가의 사랑을 얻을 방법이 이것뿐이야'라고 느끼게 된 충격적인 일을 겪었어요"라고 말했다.[5]

시슬팜스는 독특한 방법으로 접근한다. 그들은 "무슨 짓을 했어요?"라고 묻지 않는다. 그 대신에 "무슨 일이 있었어요?"라고 묻는다. 이런 접근법 덕분에 여성들은 트라우마를 극복할 수 있었다. 스티븐스는 그들이 인생에서 두 번째 기회를 누릴 자격이 있다는 근본적인 믿음을 갖고 있다. 그는 "하지만 내가 놀랍다고 느끼는 부분은 우리가 돌보는 여성 대부분에게 이번이 살면서 얻은 '첫 번째' 기회였다는 사실이에요. 그들은 한 번도 공정한 기회를 가져본 적이 없어요. 아마도 어떤 공동체가 그들에게 '지금이 기회입니다'라고 말해준 것도 처음일 거예요"라고 말했다.[6]

1997년에 여성 다섯 명이 한 집에서 공동생활을 하면서 시작한 이 사업은 시간이 지나면서 점점 규모가 커졌다. 지금 시슬팜스 네트워크는 미국 전역에서 여성 생존자들이 무료로 장기간 사용할 수 있는 침대 600여 개를 갖춰놓고 있다. 나아가 30여 개 기관과 글로벌 파트너십을 맺었고 다른 비영리단체 다섯 곳의 출범을 도왔다. 수천 명에 이르는 여성들이 학대와 마약 중독, 매춘에서 해방됐다.

시슬팜스는 수요일 아침마다 샬럿 애비뉴 51번가에서 열리는 아침 명상 행사를 일반인들에게 공개한다. 10명이 모이든, 50명이 모이든 간에 모두가 방 안에 둘러서서 한가운데 촛불을 켠다. 그런 다음 모두가 입을 모아 "우리는 아직 밖에서 고통받으며 집으로 가는 길을 찾고 있는 여성을 위해 촛불을 밝힙니다. 우리는 선택의 여지없이 태어나자마자 중독으로 내몰릴 아이들을 위해 촛불을 밝힙니다. 우리는 칠흑같이 어두운 밤을 헤치고 나와야 하는 여성을 위해 촛불을 밝힙니다"라고 말한다.

나도 수요 명상에 몇 차례 참석한 적이 있는데, 갈 때마다 가길 잘했다고 생각한다. 이곳에서는 짧은 시간 안에 정말로 중요한 것이 무엇인지 제대로 알게 된다. 거리에서 벗어나 회복이라는 힘든 과정에 들어선 용기 있는 사람들을 만나면 기운이 난다.

명상이 끝나고 나면 처음 온 사람들은 생산 시설 견학에 초대받는다. 프로그램에 참여하고 있거나 최근에 졸업한 여성 중 한 명이 견학을 이끌면서 시슬팜스 제품의 제조 과정을 보여준다.

견학 안내자인 제니퍼는 설비를 돌아보면서 사람들에게 자기 사연을 들려주고 시슬팜스 덕분에 회복한 경험을 이야기한다. 한때 나는 명상에 처음 참석하는 사람을 데리고 가서 이 초행자 견학에 끼곤 했다. 나는 제니퍼와 금방 친구가 됐다. 제니퍼에게 이야기를 들으면서 나는 시슬팜스가 이 여성 공동체에 미치는 영향력의 깊이를 이해하기 시작했다.

세상을 바꾸는 법

베카 스티븐스를 만나기 전에 제니퍼는 차에서 생활하며 오하이오주 데이턴 길거리를 떠돌았다. 어느 날 밤 차에 기름이 거의 떨어져 영하의 날씨에 연료관이 곧 얼 것 같았다. 가끔씩 시동을 걸어주지 않으면 차 내부 온도가 바깥 온도와 똑같이 떨어질 터였다. 제니퍼는 어쩔 수 없이 야간 쉼터로 향했다.

마지막으로 쉼터에 간 지가 너무 오래됐던 탓에 위치가 기억이 나지 않았던 제니퍼는 누군가에게 도움을 청하기로 했다. 신호등에서 멈춰 선 제니퍼는 조수석 창문을 내리고 옆 차량에 타고 있던 젊은 여성을 불러 "실례합니다. 여기에서 노숙자 쉼터로 가는 길을 아세요? 길을 잘 모르겠어요"라고 말했다.

그때 정말 예상치도 못했던 대답이 돌아왔다. "엄마! 나 못 알아보겠어?"

제니퍼는 가슴이 철렁 내려앉았다. 그는 자기 딸을 알아보지 못했다. 그뿐만 아니라 길거리 생활을 하다 보니 자기 딸이 운전을 할 수 있을 만큼 나이를 먹었다는 사실조차 모르고 있었다. 제니퍼는 그가 겪은 시간에 대해 회고록에 이렇게 적었다. "지옥 같은 하루하루가 흘러 어느덧 16년이 지났다. 나는 그 시간들을 기억할 수 없었다."[7]

제니퍼는 수십 년 동안 길거리에서 매춘부로 살았다. 제니퍼가 겪은 생지옥을 언급하자면, 어릴 때 성적 학대와 신체적 학대를 당했고 열세 살 때부터 혼자 살기 시작했다. 두 아이를 사산했고 친구 여럿

이 살해당하거나 약물 과다복용으로 죽었다. 수없이 강간과 구타를 당했다. 이 같은 일이 끝없이 이어졌다.

제니퍼는 "의식을 잃을 때까지 취하겠다는 목표로 하루하루를 살았다. 아무것도 기억하고 싶지 않았다. 나는 이른바 신사 클럽이라는 곳에서 성매매에 종사하기 시작했다. 나 자신을 팔고 마약을 할 때마다 나의 일부분이 죽었다. 그 끝은 18년 동안 이어진 헤로인 중독이었다. 매춘, 노숙, 교도소, 정신병동, 중독 치료. 나는 거의 무의식에 가깝게 살아가고 있었다"라고 설명했다.[8]

어느 날 밤, 믿었던 남자가 제니퍼의 머리를 유리창에 처박았다. 더는 견딜 수 없었다. 지긋지긋했다. 제니퍼는 가장 가까운 공중전화로 언니에게 전화를 걸어 "집에 가고 싶어"라고 말했다. 제니퍼의 목소리에서 절박함을 느꼈는지 언니는 그저 "그래"라고 말했다. 제니퍼는 언니의 반응에 조금 놀랐다. 지금까지 제니퍼는 돈이 필요할 때만 가족에게 전화를 걸었고 가족들은 제니퍼의 그런 생활방식을 거부한다는 표시로 그를 피했다. 지원해주는 사람이 없다는 사실도 제니퍼가 길거리 생활을 계속하게 된 악순환의 원인이었다. 해결되지 않은 트라우마, 잘못된 판단을 하는 사람들이 모인 공동체 생활, 빈약한 외부 지원, 목적이 없는 삶은 그를 위험으로 끌어당겼다. 제니퍼는 여러 차례 자살을 시도했지만 신의 은총으로 모두 미수에 그쳤다. 그 사실만이 제니퍼가 자신이 아직 살아 있는 이유가 있을 것이라고 믿는 근거였다.

생활이 안정된 제니퍼는 사제를 만나 죄를 용서해달라고 빌기로 결심했다. 언니가 차에서 기다리는 동안 제니퍼는 사제와 두 시간 가까이 이야기를 나눴고 한결 마음이 가벼워지는 것을 느꼈다. 차로 돌아왔을 때 언니는 제니퍼가 그렇게 환하게 웃는 모습은 몇 년 만에 처음 본다고 말했다. 사제와 헤어지기 전에 제니퍼는 도움을 요청했다. 제니퍼가 겪은 모든 고난을 회복할 수 있는 곳이 어디엔가는 분명히 있을 것이라고 믿었다. 다음 날 사제는 제니퍼에게 전화를 걸어 내슈빌에 갈만한 곳이 있다고 말했다. 필요한 도움을 받을 수 있는 2년짜리 프로그램에 빈자리가 있다고 말이다. 제니퍼는 회의적이었다. 전에도 그런 곳에 가본 적이 있었지만 결국에는 회복 센터들이 임대료를 청구했고, 그러면 길거리로 다시 내몰릴 수밖에 없었다. 제니퍼가 아는 돈벌이 방법이라고는 자기가 벗어나고 싶었던 바로 그 일뿐이었기 때문이었다. 게다가 일단 다시 그런 생활 방식에 발을 들여놓으면 익숙한 그곳에 계속 머무르게 된다. 사제는 "제니퍼 씨, 이건 무료 프로그램이에요. 임대료를 받지 않아요. 아예 안 받아요"라고 말했다. 제니퍼는 귀를 의심했지만 한편으로는 이번에는 정말로 다를지도 모른다고 생각했다.

그날 밤이 몇 년 전이었다. 제니퍼는 데이턴 거리를 떠나 오랫동안 살았던 삶에서 180도 방향을 틀었다. 중독과 매춘은 지나간 기억일 뿐이다. 그는 이제 그런 사람이 아니다. 베카 스티븐스 덕분이다.

세계 전역으로 활동 범위를 넓힐 생각은 한 번도 한 적이 없었지만 바로 그런 일이 시슬팜스에 일어났다. 스티븐스는 저서 『사랑으로 치유하기』에서 "2년 동안 생존자들을 만나고 치유하는 사랑의 기적을 직접 목격하면서 나는 남은 평생 이 일을 할 것이라고 생각했다. 살아남은 생존자들은 새로운 힘과 품위를 얻었고, 나는 그런 힘과 품위가 온 세상에 치유를 가져다줄 수 있음을 깨달았다"라고 밝혔다.[9] 이 도시에서 저 도시로 뛰어다니며 무대 위에서 시슬팜스 이야기를 전하는 스티븐스의 모습은 쉽게 찾을 수 있다. 스티븐스의 일정표를 본다면 어떻게 매일 지치지도 않고 그 모든 일들을 해내는지 궁금할 것이다. 그렇게 감당해야 할 일이 많지만 스티븐스가 돕고 있는 인생들은 그가 계속 나아가는 원동력이다. 제니퍼에게 베카 스티븐스에게 도움을 받지 못했더라면 지금쯤 어디에 있을 것 같은지 물었을 때 그는 조금도 망설이지 않고 "죽었겠죠. 베카가 없었더라면 죽었을 거예요"라고 대답했다.

스티븐스는 운이 좋았다. 지금까지 오랫동안 이 일을 해왔고 다시 일어나는 사람들을 가까이에서 지켜봤다. 만약 스티븐스가 길거리에서 제니퍼 같은 사람을 단 한 명만 구했더라도 충분히 가치 있는 일이었을 것이다. 한 번에 한 인생씩.

오랫동안 일을 해왔지만 자기가 꿈꿨던 영향력을 미처 보지 못한 사람들도 있을 것이다. 혹은 더 큰 플랫폼을 세우면 그때 거창한 아이디어를 펼쳐보려고 기다리는 사람도 있을 것이다. 그냥 '한 인생'으로 초점을 옮기면 어떨까?

의미 있는 삶을 살아가려면 어떤 무대나 플랫폼이 있어야 한다는 생각에 사로잡히기 쉽다. 세상을 바꾸는 사람이 되어야 한다고 생각한다. 하지만 세상이 꼭 수백만 명의 사람을 의미하는 것은 아니다.

베카 스티븐스는 제니퍼의 세상 전부를 바꿨다.

넓은 세력 범위를 갖지 못하면 성공하지 못한 것이라고 말하는 외부의 목소리를 거부하자. 꼭 무대가 있어야만 영향력을 발휘할 수 있는 것은 아니다.

한 번에 한 인생씩. 그것으로 충분하다.

무대는 없었다

차를 타고 가던 중에 뮤지션 드루 홀컴이 팟캐스트에서 대학 학위 논문 주제를 언급하는 것을 들었다. 그는 어린 시절 이야기를 조금 하더니 특수 교육이 필요한 장애인 형과 함께 자랐다고 말했다. 그는 형을 언급하면서 "내 대학 논문 주제는 한 사람의 삶이 공동체에 미치는 영향력이었습니다"라고 말했다.[10] 나는 드루 홀컴을 오랫동안 알고 지냈지만 가족에 대해서는 잘 몰랐다. 나는 그의 학위 논문을 찾아낸 다음 그에게 전화를 걸어 자세히 물어봤다.

드루의 형인 제이는 이분 척추라는 선천적 장애를 갖고 태어났다. 이분 척추란 아기의 척수가 제대로 발달하지 못해서 장애를 유발할 수 있는 증상이다. 움직임이나 기능을 제한해 평생 휠체어에 의지해야 하는 경우도 있다. 이분 척추 진단을 받은 사람이 30대까지 생존하는 일은 드물고 대부분이 훨씬 어린 나이에 사망한다. 남다른 13년을 살았던 제이 역시 안타깝게도 어린 나이에 세상을 떠났다. 제이의 장례식에는 수천 명이 그의 삶을 기리고자 참석했다. 어째서 그렇게 많은 사람들이 장례식에 참석했을까? 제이는 세상이 주목하라고 말하는 득점판에 에너지를 쓰지 않았다. 그 대신 전화 통화, 질문, 미소, 수많은 작은 친절을 차근차근 관계에 적립했다.

장례식에서 제이의 아버지는 추도사를 통해 제이가 남긴 보물에 대해 이야기했다. "제이는 직업이 없었고, 재산은 400달러가 전부였습니다. 스포츠 팀에서 뛴 적도 없고 여자친구를 사귄 적도 없었던 데다가 몸매가 멋있지도 않았죠. 제이는 세상이 성공이라고 말하는 것들을 이루지는 못했지만 수많은 사람이 기억하고 애도하는 가운데 위풍당당하게 세상을 떠났습니다."[11] 그는 "제이는 많은 이웃을 곁에 두고 눈을 감았습니다"라는 한마디로 추도사를 마쳤다.

제이에게는 그 어떤 플랫폼도 없었다. 그는 열네 번째 생일을 사흘 앞두고 세상을 떠났다. 그런데도 한 공동체 전체에 영향을 미칠 방법을 찾았다. 거기엔 어떤 무대도 필요하지 않았다.

어디에서 시작해야 할까: 지금 당신이 있는 바로 그곳

스포트라이트 마인드셋에 사로잡힐 때 우리는 사람보다 지위에 초점을 맞춘다. 지위에서 얻는 가치에 초점을 맞출 때 우리는 절대 만족하지 못한다. 스포트라이트 마인드셋에 빠져들 때 우리는 다음 단계, 더 큰 무대로 올라가려고 아등바등한다. "일단 내가 부장으로 승진하면 이 문제를 바꿔볼게요.", "팔로워 수가 ○명이 되면 내 열정을 공유하기 시작할 거예요.", "일단 그 일을 해내고 나면 영향을 미칠 수 있을 겁니다."

내가 보기에 큰 무대를 목표로 삼는다는 자체가 주객전도 같다. **삶을 바꾸는 아주 작은 영향 하나하나가 모두 중요하다. 우리는 거기에서 시작할 수 있다.** 완벽한 일자리를 갖거나 승진할 때까지 기다릴 필요가 없다. 지금 당장 변화를 가져올 방법을 찾을 수 있다. 이런 태도 변화가 많은 사람들의 삶을 바꿀 것이다.

블레이크 마이코스키와 베카 스티븐스 이야기에서 가장 인상적인 부분은 현재 상당한 영향력을 발휘하는 위치에서 활동하고 있는 두 사람이 그 자리까지 애쓰면서 올라간 것이 아니라는 사실이다. 그들은 개인에게 초점을 맞춰서 접근했고, 시간이 흐르면서 그 개인들이 수백만 명에 이르는 사람들의 삶에 엄청난 영향을 미치게 됐다. 제이 홀컴, 그리고 그가 관계를 맺었던 사람들도 마찬가지였다.

우리가 어떤 궤도를 따라서 살아가든, 시크릿 소사이어티는 작은 것에서 시작하고, 우리의 위치가 아니라 영향을 미치는 대상을 기준으로 자기 자신을 판단하라고 권한다. 한 번에 한 인생씩.

7장

문제로 여기는 순간,
진짜 문제가 된다

인생에서 가장 오래도록, 그러면서도

늘 해야 하는 질문은 바로

"당신은 다른 사람들을 위해 무엇을 하고 있는가?"

입니다.

◆

마틴 루서 킹 주니어
MARTIN LUTHER KING JR.

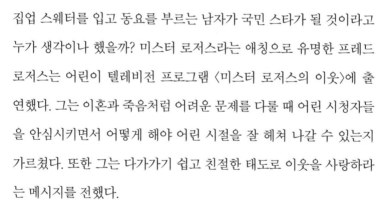

집업 스웨터를 입고 동요를 부르는 남자가 국민 스타가 될 것이라고 누가 생각이나 했을까? 미스터 로저스라는 애칭으로 유명한 프레드 로저스는 어린이 텔레비전 프로그램 〈미스터 로저스의 이웃〉에 출연했다. 그는 이혼과 죽음처럼 어려운 문제를 다룰 때 어린 시청자들을 안심시키면서 어떻게 해야 어린 시절을 잘 헤쳐 나갈 수 있는지 가르쳤다. 또한 그는 다가가기 쉽고 친절한 태도로 이웃을 사랑하라는 메시지를 전했다.

로저스가 세상을 떠난 뒤, 그의 이야기를 담은 영화도 등장했다. 2018년에 〈내 이웃이 되어 줄래요?〉가 개봉했을 때 나는 친구들과 함께 이 영화를 봤다. 그 영화와 로저스의 인생을 보면서 놀랐던 사실은 애초에 그가 텔레비전 스타가 되려고 한 적이 없다는 것이었다. 그저 아이들을 위한 좋은 텔레비전 프로그램이 필요하다고 느꼈고 그 필요를 채웠을 뿐이었다.

로저스가 일을 시작했을 때는 텔레비전이 보급된 지 그리 오래되지 않았을 무렵이었다. 인기 어린이 프로그램을 보던 로저스는 그 내용이 생각 없이 보기에 재미는 있지만 유용하거나 교육적이지는 않다고 느꼈다. 이 사실에 고민하던 그는 방송 제작에 전문적인 지식이 없었음에도 이 문제를 해결하기 위한 모험에 나섰다.

프레드 로저스에게 진로는 직선 주행이 아니었다. 대학에서 작곡을 전공하고 그 후에는 신학을 공부할 계획이었지만 방송 제작에 새로운 열정을 느꼈다. 여러 방송의 지원일을 하며 신학 대학에 다녔고 나중에는 아동 심리학 학위를 받았다.

나 자신이 작곡가나 언어광, 인간 발달을 공부하는 학생, 통신 전문가가 아니라 내게 주어진 재능을 어린이와 그 가족들에게 봉사하는 데 쓸 수 있는 사람이라는 사실을 마침내 깨달았습니다. 그 때 느꼈던 충만함을 결코 잊지 않을 것입니다.[1]

방송업계에서 일한 지 15년째 되던 해에 로저스는 〈미스터 로저스의 이웃〉을 진행할 기회를 얻었다. 시크릿 소사이어티는 우리에게 나아갈 길을 보여주고, 프레드 로저스 같은 사람들은 그다음 단계를 밝힌다. 바로 해결할 문제를 찾아 나서는 일이다.

누구를 위한 순간이었을까?

하지만 스포트라이트 마인드셋은 우리에게 다른 질문을 던진다. WIIFM(나한테 무슨 이득이 되지?)을 기억하는가? 이 질문은 덫이고, 우리를 끌어들이려고 최선을 다할 것이다. 그래서 살아가는 동안 자주 시크릿 소사이어티의 영향력이 필요하다. WIIFM 사고방식에 빠져들려는 순간, 방향을 180도로 틀어 "나는 다른 사람을 위해 어떤 문제를 해결할 수 있을까?"라고 질문할 수 있다. 이 질문은 완전히 다른 결과를 가져올 것이다.

나 역시 WIIFM에 엄청난 관심을 쏟았던 적이 있었다. 그중에서도 특히 부끄러웠던 일이 있다.

앞에서 말했지만 음악가 지망생이던 시절 나는 존 메이어처럼 되고 싶었다. 문제는 그가 차원이 다른 뮤지션이었다는 점이었다. 존 메이어는 대규모 공연을 줄줄이 매진시켰고, 그래미상을 탔고, 음반 판매는 플래티넘*100만 장 이상 팔린 음반에 부여하는 등급을 향해 가고 있었다. 나는 어땠을까? 공연장을 예약하기도 어려웠고, 내 노래가 담긴 레코드는 거의 팔리지 않아 상자째 차고에 쌓여 있었다. 어떻게 해야 존 메이어처럼 될 수 있을지 감을 잡을 수가 없었다. 그가 있는 위치에 오르기까지 헤쳐 나가야 할 단계가 너무 많았다.

그렇게 지쳐 있을 때, 나는 맷 워츠라는 재능 있는 싱어송라이터에게 관심을 갖기 시작했다. 워츠는 대규모 공연을 매진시키는 정도는 아니었지만 음반을 많이 팔았고 전국 투어를 돌면서 빠르게 팬층을 늘려가고 있었다. 인디 뮤지션으로는 놀라운 성과였다.

나는 맷 워츠가 어떻게 일을 꾸려나가고 있는지 최대한 배워보려고 노력했다. 앨범에 들어 있는 소개자료를 읽으면서 그의 음악을 연주한 음악가들의 이름을 알아냈다. 워츠의 웹사이트에 들어가 그가 공연하는 장소를 찾아보고 투어 경로를 어떻게 짜는지 유심히 살폈다. 캔자스시티를 기준으로 반경 160킬로미터 내에서 열리는 그의 모든 공연을 보러 갔고, 업무를 익히려는 생각으로 자진해서 상품 판매를 돕기도 했다. 워츠의 성공을 낱낱이 파헤쳐서 내 수준에 맞게 설계하고 그가 나아간 경로를 자로 잰 듯 똑같이 따라 하려고 애썼다.

워츠가 하는 일은 모조리 잘 풀리는 듯했다. 그와 관련된 소식은 빠르고 자연스럽게 퍼져나갔다. 나는 이 사실을 주변 반응으로 직접 경험했다. 친구들 몇 명이 워츠가 일주일 동안 공연을 했던 영라이프라는 곳에서 캠프를 마치고 돌아왔다. 친구들은 워츠의 앨범을 샀고, 워츠가 '캠프에 있었던 모든 이에게 가장 많은 사랑을 받은 아티스트'였다고 말했다.

영라이프는 고등학생들의 생활에 투자하는 단체다. 종교 관련 단체이기는 하지만 주로 젊은 성인이나 대학생들이 맡는 학생 지도자들은 그냥 아이들의 생활에 모습을 드러내는 자체를 목표로 한다.

캠프에 참가한 고등학생들은 일주일 동안 재미있는 모험을 경험하고 초청 연사와 뮤지션들의 강연과 공연도 듣는다. 참가 학생 그룹은 일주일마다 바뀌지만 캠프 뮤지션들은 한 달 정도 계속 머무르면서 공연을 하는 경우가 많다.

캠프 뮤지션에 대해서 알게 됐을 때는 귀가 쫑긋 섰다. 나는 캠프에서 막 돌아온 친구에게 "그러니까 워츠가 고등학생 수백 명 앞에서 공연을 할 수 있었다는 말이지?"라고 물었다. "한 달 내내 곧 팬이 될 학생들을 태운 버스들이 매주 줄지어 도착했다는 말이지? 게다가 다들 그의 앨범을 샀고?"

나는 새로운 팬들을 잔뜩 얻을 수 있다는 생각에 눈이 휘둥그레졌다. 분명 그 팬들은 캠프를 마치고 집으로 돌아가 주변 사람들에게 내 음악에 대해 신나게 떠들 것이었다. 차고에 쌓여 있는 앨범 상자들을 떠올리면서 영라이프 캠프에서 공연할 방법을 찾아야겠다고 생각했다. 그러면 내 문제가 해결될 것이라고 생각했다.

나는 영라이프가 주로 '자기 사람들'에게 이 기회를 준다는 말을 들었다. 그러니까 캠프 뮤지션 대부분이 여름 한 철이 아니라 일 년 내내 영라이프 활동에 참여하는 사람들이라는 뜻이었다. 내게는 완벽한 해결책이 있었다. 학생 지도자가 되는 것이었다. 자원봉사를 하면서 고등학생들과 인연을 맺고, 여름 캠프에서 공연해 달라는 초청을 받기를 바라며 영라이프 활동에 적극적으로 참여했다.

다들 상상이 가겠지만 초대장을 받았을 때는 날아갈 것만 같았다.

워츠가 팬층을 확보하는 데 캠프가 얼마나 큰 위력을 발휘했는지 알았던 나는 이 기회가 크게 도약할 수 있는 길이 될 것이라고 믿었다. 영라이프는 내게 길을 열어줄 터였다.

내 공연은 일주일로, 중학생 여름 캠프 끝에 붙은 짧은 공연이었다. 하지만 일주일이라도 아예 못하는 것보다는 나았다. 나는 젊었고 성공에 굶주렸으며 기회를 놓치지 않을 자신이 있었다.[2] 나의 순간이었다.

손꼽아 기다리던 도전에 직면했다. 내가 가고 싶은 곳에 좀 더 다가가려면 이 기회를 어떻게 활용해야 했을까?

워츠는 자기가 내게 계획을 준지도 몰랐지만, 나는 워츠가 미리 세워놓은 계획대로 실행하기만 하면 됐다. 워츠에게도 효과가 있었던 계획이었고, 동시에 훌륭한 단체를 지원하는 일이기도 했으니 나는 이 계획에 정말 자신이 있었다. 하지만 나는 아이들을 위해서 그 자리에 있지 않았다. 다른 사람을 위해 해결할 수 있는 문제가 있는지 물어보지 않았다. 나는 나 자신을 위해서만 그 자리에 있었다. 그 지점에서 이 모든 일이 어그러졌다.

조건 없는 인간관계

다단계 마케팅 회사에 몸담았던 친구가 있는가? 어쩌면 직접 다녔던 사람도 있을 것이다. 다단계 회사는 판매원들이 제품을 판매하겠다고 가입하는 형태로 작동한다. 그렇게 가입한 판매원들은 자기 밑으로 다른 판매원을 모집해 자기가 판매한 금액은 물론 팀 판매액에서도 수수료를 챙긴다. 자기와 자기 팀이 올리는 매출액이 증가할수록 지위가 높아진다. 최고 매출을 달성하는 판매원들은 차량과 금전 보너스를 인센티브로 챙겨 지위를 더 공고히 하는데, 이는 제품 판매와 판매원 모집에 힘입은 결과다.

다단계 회사에 들어오라는 유혹은 강력하다. 일정을 스스로 조절하고 수입도 직접 관장할 수 있다는 다단계 회사는 꿈같은 부업이다. 게다가 부업으로 시작해서 자리를 잡으면 본업이 될 수도 있다. 다단계 마케팅으로 상당한 수입을 올린 사람들도 많고, 자기가 판매하는 제품이 진심으로 좋다고 믿는 이들도 많다.

하지만 그런 장점이 있다고 해도 다단계 마케팅 회사가 시크릿 소사이어티의 방식대로 살아가는 데에는 도움이 되지 않는다. 다단계 회사 판매원은 다들 자기가 고객의 문제를 해결하고 있다고 믿지만, 다단계 마케팅의 비즈니스 모델 자체는 판매원들이 자신의 성공을 최우선으로 두게 하기 때문이다.

아마 겪어 본 적이 있는 사람도 있을 것이다. 예전에 다단계 회사 판매원인 친구와 함께 식당에 간 적이 있다. 친구가 식당 직원에게 말을 걸기 시작한다. 얼핏 나쁜 뜻은 없어 보이지만 이전에도 그런 모습을 본 적이 있고 앞으로 어떤 일이 벌어질지도 알고 있다. 유감스럽게도 그 친구는 식당 직원의 인생에는 아무런 관심이 없다. 그저 그 식당 직원을 다단계 회사 판매원으로 끌어들여 자기 밑에 놓고 싶을 뿐이다. 그는 더 높은 단계로 올라 높은 지위와 혜택을 얻고 싶어한다. 월간 목표 매출액을 달성하고자 애쓰고 있다. 여러분은 예의상 식사하는 동안 자리를 지켰고 친구는 계산서가 올 때까지 식당 직원과 친분을 쌓는다. 계산서가 오는 순간 친구는 열성을 다해 직원에게 자기 팀으로 들어오라고 권한다.

다단계 회사만 그런 것도 아니다. 판매원들은 흔히 이런 식으로 접근한다. 그러니까 문제는 판매나 다단계 마케팅 그 자체가 아니다. 직장에서 '자신만' 앞서 나가겠다는 목적으로 사람과 인간관계를 이용하는 것이 옳지 않다는 뜻이다.

많은 사람들이 이런 행동을 한다. 영라이프 캠프에서 내가 학생들을 대상으로 했던 일도 이런 맥락이었다. 우리는 우리 문제를 해결하고, 목표액을 달성하고, 성공하려고 다른 사람을 이용한다. 더 큰 문제는 우리 문화가 이런 행동을 용납한다는 사실이다. 우리는 이렇게 살아야 한다고 배운다.

우리는 스포트라이트 마인드셋에 세뇌당했다. 자신의 삶을 바라보기에 충분할 정도로 감정적 거리가 생길 때에야 "아니, 사양할게요. 그런 것이 성공이라면 난 필요 없어요"라고 말할 수 있다.

다행히도 우리에겐 다른 길이 있다.

'우리' 문제(WIIFM)를 해결할 사람을 찾는 대신에 우리가 다른 사람의 문제를 해결할 방법을 찾아 나선다면 어떻게 될까? 트로이의 목마처럼 자신에게 이익을 가져올 제품을 내밀면서 "당신의 문제를 해결할 제품을 소개할게요"라고 말하는 경우를 뜻하는 것이 아니다. 내 말은 그런 뜻이 아니다. '아무 조건 없이' 남의 문제를 해결하려는 접근법을 말한다. 사람들이 문제를 해결하도록 돕자. 그것으로 끝이다.

대가를 바라지 않는 도움

내슈빌에서 개인 상담소를 운영한 지 2년 만에 앨 앤드루스는 특정한 문제를 가진 내담자들이 있다는 것을 알아냈다. 상담소를 찾아오는 사람들 중 상당수가 음악업계 종사자였다. 구체적으로 말해 앨범 표지에 얼굴이 실리는 아티스트들이었다. 또한 앤드루스는 그들이 투어 일정 때문에 다른 내담자들처럼 자주 상담을 받으러 올 수 없다는 점도 알아차렸다. 게다가 경력이 짧은 아티스트들은 정기적으로 상담을 받기에는 경제적으로 여유가 없었다.

앤드루스는 친구 소개로 내슈빌에서 대형 음반사를 운영하던 피터 요크를 만났다. 음반사 사장으로서 요크는 수많은 아티스트의 경력을 성공으로 이끌 궁극적인 책임을 져야 했다. 요크를 만난 자리에서 앤드루스는 이런 뮤지션들이 직면한 독특한 난관을 설명하며 "그들은 자기가 추구하는 커리어를 어떻게 헤쳐 나가야 할지 모릅니다. 그냥 방치하다가는 완전한 파탄으로 나아갈 가능성이 있어요. 음반사들은 소속 아티스트들을 성공시키려고 수십, 수백만 달러를 투자하지만 그들의 정신 건강을 돌보는 데는 한 푼도 쓰지 않습니다"라고 말했다.

사실 요크의 음반사에서도 같은 논의를 했었고, 요크는 소속 아티스트들을 도울 방법을 찾는 책임자였다. 그래서 앤드루스가 이렇게 말했을 때 요크는 회사에서 하려던 일이 중요한 일이라는 확신을 얻었다.

두 사람은 대화를 나눈 지 얼마 되지 않아 시범 프로젝트 개요를 세웠다. 앞으로 3개월 동안 앤드루스는 일주일에 하루를 비워 아티스트들이 무료로 상담을 받을 수 있도록 예약을 받았다. 상담료는 요크의 음반사가 지급하기로 했고 단 한 가지 조건을 내걸었다. 요크의 음반사 소속 아티스트뿐만 아니라 모든 음반사 소속 아티스트들을 상담해주는 조건이었다.

3개월 시범 프로젝트 동안 실시한 상담은 대성공이었다. 아티스트들은 무대에서 내려와 힘겨운 일을 털어놓을 수 있는 장소를 찾았다. 그뿐만 아니라 건강한 삶으로 가는 여정을 함께 걸어줄 안내자를 찾았다.

시범 프로젝트가 끝난 뒤 앤드루스와 요크는 이 프로그램을 장기적으로 지속할 수 있는 방법을 찾아내려고 다시 만났다. 마침내 앤드루스는 개인 상담소를 비영리단체로 전환해 전적으로 음반업계 아티스트들을 돕는 일에 집중하기로 결심했다.

일주일에 하루를 아티스트 전용으로 비워 예약을 받기로 시작한 프로젝트가 일주일에 5일로 바뀌었고, 요크의 회사와 다른 음반사들이 비용을 지불했다. 앤드루스는 비영리단체 이름을 포터스 콜 Porter's Call(문지기의 사명)이라고 지었다. 성 베네딕도회의 소속 문지기들이 방문객을 맞이하고 그들만의 길을 찾기 위해 필요한 음식이나 머물 곳, 현명한 조언 등을 선물한 것을 떠올린다면 이 단체에 딱 어울리는 이름이다.

2001년에 출범한 이래 포터스 콜은 수많은 아티스트가 스포트라이트를 받으며 세상을 헤쳐 나가도록 도왔다. 모든 상담소가 그렇듯 포터스 콜에서 이뤄지는 상담도 비밀을 준수하지만, 동료 아티스트들이 도움을 받을 기회를 활용할 수 있도록 나선 아티스트들도 있다.

사람들은 항상 우리 꿈이 전부 이루어질 것이라고 말하지만 어떤 대가를 치러야 하는지는 알려주지 않습니다. 음반사와 경영진이 할 수 있는 가장 현명한 투자는 바로 소속 아티스트들의 정신적, 정서적 건강 관리입니다. 음악 산업 핵심에 있는 인간적인 요소를 고려하지 않는 행위는 원인을 보지 못한 채 비극적인 운명을 그저 계속 되풀이하는 짓입니다. 포터스 콜은 나와 같은 밴드 동료들을 비롯해 이 업계에 몸담은 수많은 친구들에게 큰 도움을 줬습니다. 앞으로도 쭉 고마워할 것입니다.

밴드 파라모어PARAMORE의 헤일리 윌리엄스

포터스 콜은 나 자신을 솔직하게 대하는 법을 알려줬습니다. 또한 명성을 자만심을 키우거나 진정한 나 자신이 누구인지 잊거나 결혼 생활을 망치는 원인이 아니라 이 세상에서 좋은 일을 할 수 있는 기반으로 활용하는 법을 가르쳐줬습니다. 특히 투어를 돌다 보면 결혼 생활에 힘든 일이 생기기 마련이지만 아내와 나는 포터스 콜 덕분에 용기를 얻었습니다. 포터스 콜은 진실을 미화하지 않습니다. 그렇기 때문에 앞으로 직면하게 될 난관을 성공적으로 감당할 수 있는 방법을 알고 자신감을 가질 수 있습니다.

토머스 레트

저의 할아버지를 비롯한 수많은 뮤지션들이 안전하게 발 디딜 곳을 찾지 못해 세상을 떠났습니다. 포터스 콜 덕분에 삶이 변하고, 파경을 막았고, 아이들은 좀 더 안정된 가정에서 살아가고, 저는 중독을 극복하고 있습니다. 무엇보다도 포터스 콜은 아티스트와 뮤지션들을 날아오를 수 있게 합니다.

홀리 윌리엄스, 아티스트이자 행크 윌리엄스의 손녀[3]

포터스 콜은 조직을 운영하면서 바람직한 자세를 취한 덕분에 큰 성공을 거둘 수 있었다. 그들은 맨 처음부터 "내가 어떤 문제를 해결할 수 있을까?"에 초점을 맞췄고 지난 20년 동안 포터스 콜을 방문한 모든 사람을 돌봤다. 책략은 없다. 트로이의 목마도 없다. 대가를 바라고 돕는 것이 아니다. 그저 필요한 사람들에게 무료 상담과 지원을 제공할 뿐이다.

과거는 바꿀 수 없지만
질문은 바꿀 수 있다

하고 싶은 일을 시작하기도, 하고 있는 일에서 만족을 찾기도 쉬운 일은 아니다. 경력을 쌓는 과정에서 어느 지점에 있든 간에 스포트라이트 마인드셋이 파고들면 "그게 나한테 무슨 이득이 되지?"라는 생각에 휩싸이기 마련이다. 영라이프로 맷 워츠의 성공을 따라 하려던 내가 엇나가게 된 지점이 바로 여기였다.

지금은 빤히 보이는 일이지만 당시 내 정신은 내가 하려는 일에 적절한 상태가 아니었다. 내 계획은 논리적이었지만, 정상에 오르겠다는 여정에만 초점을 맞췄을 뿐 내 앞에 앉아 있는 사람들은 안중에도 없었다. 캠프에 참석한 학생들에게 내가 무엇을 줄 수 있는지보다 그들을 통해 무엇을 얻을 수 있는지에 더 관심을 가졌다.

의도적으로 이기적으로 군 것은 아니었다. 그런 사람은 극소수다. 그때 나는 스포트라이트 마인드셋이 이끄는 대로 움직이고 있었다. 스스로를 전략적인 데다가 너그럽기까지 하다고 느꼈다. 나는 자신을 돕기 위해 다른 사람들을 돕고 있었다. 선뜻 인정하고 싶지는 않지만 우리 삶에서 스포트라이트 마인드셋이 끌어당기는 힘은 무척 강력하고, 이성적인 사고를 점령할 수 있다. 스포트라이트 마인드셋은 "다들 이렇게 살아. 그게 세상이 돌아가는 이치야"라고 속삭이면서 사리사욕을 위해 행동하도록 이끌고 이를 정당화한다. 슬프게도 이런 식으로 접근하다 보면 우리는 자기가 되고 싶은 모습에서 서서히 멀어진다. 뭔가 잘못됐다고 느끼면서도 우리가 느끼는 감정을 해소할 방법은 차치하고 그 감정 자체를 설명할 말도 찾지 못한다. **다른 사람들에게 무엇이 필요한지에 초점을 맞추면 이 세상에서 가장 바람직한 일을 하고 싶어 하는 자신과 진실하게 살아갈 수 있다.**

캠프 초청 공연을 한 뒤로도 별다른 변화가 없었다. 앨범도 많이 팔리지 않았고, 참석한 학생들이나 그 친구들을 대상으로 콘서트를 열 기회가 생기지도 않았다. 뭔가 잘못됐다는 느낌이 들었다. '다른 캠프 뮤지션들과 달리 왜 이 기회가 내게는 아무런 소용이 없었지?'

나는 혼란스러웠고 낙담했다.

과거는 바꿀 수 없고, 내가 내린 결정들 덕분에 내가 지금 이 자리에 있으니 그저 감사하다. 하지만 애초에 내가 다른 질문을 했더라면 지금 내 인생은 어떻게 됐을지 종종 궁금해진다. 영라이프 캠프에 참석한 학생들은 친구를 사귀고 직원들과 인연을 맺고 신앙에 관한 중대한 질문을 탐색하고 싶어서 왔다. 만약 내가 내 꿈에 더 가까이 다가가고자 상황을 이용하는 대신에 학생들이 그런 경험을 할 수 있도록 돕는 데 더 관심을 쏟았더라면 어땠을까?

시크릿 소사이어티는 좀 더 바람직한 방식으로 접근한다. 다른 사람들을 위해 문제를 해결하는 데서 시작하고, 이는 우리가 WIIFM 마인드셋에서 행동할 때 느끼는 진실성 부족을 해소시켜준다.

"다른 사람들이 원하는 것을 얻도록 돕다 보면 결국에는 당신도 원하는 것을 얻게 된다"라는 말을 들은 적이 있다. 시크릿 소사이어티는 여기에서 한 걸음 더 나아간다. "다른 사람들이 원하는 것을 얻도록 돕자. 그것으로 끝."

그렇다면 어떻게 해야 WIIFM라는 질문을 머릿속에서 없앨 수 있을까? 그냥 막무가내로 자기 자신에 대해 생각하지 말라고 되뇔 수는 없다. 그런 방법은 역효과를 낳는다. 마치 보라색 기린을 생각하지 말라고 말하는 것과 같다. 그런 말을 들으면 머릿속에 보라색 기린만 떠오르게 된다!

욕망을 끄는 스위치는 없다. 우리 안에는 자기 자신을 생각하려는 마음과 다른 사람들을 돕고 싶은 마음이 항상 공존할 것이다. 하지만 우리는 초점을 조절할 수 있다. 새로운 질문을 던질 수 있다. 지금보다 "내가 어떤 문제를 해결할 수 있을까?라는 질문을 좀 더 자주 던져보면 어떨까?"

그 질문을 한다고 해서 우리를 움직일 다른 동기들이 모두 사라지는 것이 아니다. 새로운 대상, 에너지와 관심을 요구하는 또 다른 문제가 등장할 것이다. 생각해내는 대답들이 우리를 수요가 많고 오랫동안 계속하게 될 직업으로 이끌지도 모른다. 프레드 로저스가 그랬듯이 스포트라이트를 받으면서 수백만 명에게 영향을 미칠 수도 있다. 아니면 앨 앤드루스가 그렇듯이 무대 뒤에서 영향력이 느껴질 수도 있다.

두 사람 모두 자기가 가진 능력과 열정, 무엇보다도 주변 사람들에게 필요한 것을 추구했다. **해결해야 할 문제라는 질문이 그들을 올바른 방향으로 인도했다. 우리도 그 질문을 통해 올바른 방향으로 갈 수 있다.**

8장

핵심에 집중하라

자기가 추구하는 일로

생계를 꾸릴 수도 있고 그렇지 않을 수도 있지만

알다시피 이것은 핵심이 아니다.

✦

엘리자베스 길버트
ELIZABETH GILBERT

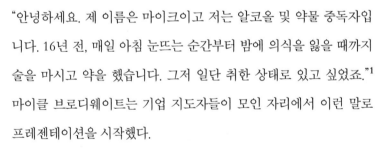

"안녕하세요. 제 이름은 마이크이고 저는 알코올 및 약물 중독자입니다. 16년 전, 매일 아침 눈뜨는 순간부터 밤에 의식을 잃을 때까지 술을 마시고 약을 했습니다. 그저 일단 취한 상태로 있고 싶었죠."[1] 마이클 브로디웨이트는 기업 지도자들이 모인 자리에서 이런 말로 프레젠테이션을 시작했다.

브로디웨이트는 이제 '취직이 불가능하고, 집도 없고, 절도를 일삼는 거짓말쟁이 약 중독자'(자칭)가 아니다.[2] 그렇다고 해서 손쉽게 중독에서 벗어난 것은 아니다. 그는 매일 같이 중독과 싸우는 와중에 상황을 타개하고자 12단계 프로그램*중독에서 회복할 수 있도록 뒷받침하는 프로그램에 2000회 이상 참석하는 매우 힘겹고 어려운 일을 해냈다.

한때 길거리에서 살았던 한 남성이 미국 경제계에 진출했고, 경제 전문지《Inc.》가 선정한 500대 기업에서 회사를 이끌었다.

중독 회복 과정에서 브로디웨이트는 결과에 승복하는 법을 배웠다. 그는 "사람들은 정작 자기가 통제할 수 있는 대상은 뒷전으로 미루고 자기가 통제할 수 없는 대상에 에너지를 낭비하고 있어요"라고 말했다. 그러면서 이런 선택 때문에 우리가 위험한 길로 들어선다고 지적했다.

결과에 승복하면서 일에 몰두한다면 어떻게 될까? 일의 결과보다 일 자체에 더 신경을 쓴다면 어떻게 될까?

선행지표와 후행지표

비즈니스에서 성공은 선행지표와 후행지표에 달려 있으므로 둘 사이의 차이를 아는 것이 중요하다는 말이 있다. 이 개념은 베스트셀러『성과를 내고 싶으면 실행하라』로 널리 알려졌다. 이 책에서 저자들은 선행지표와 후행지표를 다음과 같이 정의한다.

후행지표는 대단히 중요한 목표를 추적하는 지표이며, 대개 우리가 가장 간절하게 기원하는 지표들이다. 수익, 이익, 시장 점유율, 고객만족도가 모두 이런 후행지표에 속한다. 후행지표를 받아 들었을 즈음이면 그런 지표를 좌우하는 수행은 벌써 지나간 일이다. 후행지표가 나올 때가 되면 돌이킬 수 없고, 그저 자리에서 기다리는 방법뿐이다. 이미 과거다.

선행지표는 이와 다르다. 목표를 달성하려면 팀이 반드시 실행해야 하는 영향력이 가장 높은 대상을 측정하는 지표가 선행지표다. 선행지표는 본질적으로 후행지표의 성공을 추진하는 새로운 행동을 측정한다. 빵집에서 고객들에게 시식을 제공하는 단순한 행위부터 제트엔진 설계 표준을 고수하는 복잡한 행위에 이르기까지 다양한 행동이 이에 속한다.

바람직한 선행지표는 기본 특징 두 가지를 갖춰야 한다. 목표 달성을 예측해야 하고 팀원들이 변화를 만들어낼 수 있어야 한다.[3]

예를 들어 여러분이 이벤트 사업체에 다닌다고 하자. 이 업계에서는 특정일에 계약 건수가 얼마나 되는지에 집착하기 쉽다. 상사가 아침 회의에서 "여러분! 목표보다 계약이 저조하네요. 오늘 여러분들이 더 많은 계약을 따낼 수 있도록 도와주셔야겠습니다"라는 말을 했다고 상상해보자.

이런 직원회의가 전 세계 회사에서 하루에도 수백만 번씩 일어난다. 유감스럽게도 이런 말은 해봐야 아무런 소용이 없다. 위 사례에서 팀은 더 많은 계약을 따낼 수 없다(계약 건수는 후행지수다). 그렇다면 팀이 할 수 있는 일은 무엇일까? 이런 맥락에서 선행지수가 필요하다. 선행지수는 내일의 후행지수에 영향을 주기 위해 오늘 할 수 있는 조치이기 때문이다.

선행지수를 염두에 둘 때 직원회의가 다음과 같이 이뤄진다면 더욱 도움이 될 것이다.

팀원 여러분! 계약이 목표보다 저조하네요. 다시 목표를 달성하려면 우리 모두가 힘을 합쳐야 합니다. 다들 목표 계약 건수를 향해 다가가기 위해 오늘 할 수 있는 방안을 세 가지씩 생각해보길 바랍니다.

린든 씨, 계약 기간이 만료된 제안을 정리해서 이번 주에 영업팀에서 아웃바운드 마케팅에 활용해보세요.

데이비스 씨, 판매 경로에 강력한 고객 추천이 담긴 이메일을 추가할 수 있을까요? 어제 여기에 딱 어울릴 만한 진짜 흥미로운 사례를 봤어요.

얼리샤 씨, 이번 주에 고객 서비스 이메일에서 눈에 띄는 경향이 있나요? 자주 들어오는 질문에 대한 대답이나 계약 전에 고객들이 느끼는 반감을 극복할 만한 말을 정리해서 웹사이트에 올려도 좋을 것 같아요.

차이가 느껴지는가? 이 회의에서는 팀원들이 실제로 통제할 수 있는 방안을 제시했다. 계약이 초점이 되어서는 안 된다. **결과는 따라올 것이라고 믿으면서 과정을 실행하는 데 초점을 맞춰야 한다.**

이는 비즈니스 업계에 국한된 얘기가 아니다. 나스카NASCAR*전미 스톡 자동차 경주 협회에서 주최하는 대회 정비 담당자 시선으로 이를 살펴보자. 각 팀원은 경주 차량 정차 시 수행해야 하는 여섯 가지 역할 중 하나씩을 살펴서 드라이버가 최대한 빨리 다시 트랙에 나갈 수 있도록 돕는 일을 한다. 차량 정차 시간은 11초에서 12초가 바람직하다.[4] 정확하고 빠르게 업무를 수행하는 능력은 드라이버와 팀이 그날의 경주에서 얼마나 성공적인 결과를 얻을 수 있는지에 기여하는 요소다.

그러니 경주 직전에 "좋았어, 여러분. 오늘은 이깁시다. 어떻게 하든 꼭 이기도록 합시다" 같은 격려 연설을 한다고 상상하면 웃음만 나온다. "아, 네… 감사합니다" 같은 떨떠름한 반응이 돌아올 것이다.

물론 이기는 것이 목표다. 경주에 참가하는 모든 드라이버와 정비 담당자의 목표는 승리다. 하지만 승리에 집착해봐야 아무런 소용이 없다. 승리하려면 각자가 자기 역할을 다하면서 타이어를 갈거나 차량에 연료를 채울 때 조금이라도 시간을 단축할 수 있도록 최대한 효율적으로 움직여야 한다. 정비 담당자들은 그 일에 초점을 맞춘다. 그들은 경주에서 이기기(후행지수) 위해서가 아니라 자기가 통제할 수 있는 활동(선행지수)을 개선하기 위해 노력한다.

양육에도 같은 원리를 적용할 수 있다. 겉보기에 부모는 무엇이든 제대로 하는 것처럼 보였는데 자녀가 어떤 식으로든 해를 가하거나 스트레스를 일으키는 경우를 다들 본 적이 있을 것이다. 양육은 분명히 중요한 일이지만 한 인간이 어떻게 성장할지와 일대일 상관관계를 도출할 수는 없다. 양육의 결과는 부모가 100퍼센트 통제할 수 없다.

사실 살면서 우리가 통제할 수 있는 대상은 거의 없다. 우리는 우리의 태도와 반응, 나아가 생각정도만(생각을 얼마나 문자 그대로 받아들이는가에 따라) 통제할 수 있다. 하지만 그밖에는 통제할 수 있는 척하고 싶더라도 결과를 통제할 수 있는 경우가 거의 없다. 그러니 살면서 자신의 태도와 접근법은 통제할 수 있고 통제해야 하지만 그 결과에는 승복해야 한다는 것을 알아야 한다.

왜 굳이 노력할까?

결과를 통제할 수 없다면 왜 굳이 노력할까? 우리가 원하는 대로 우리 삶을 바꿀 수 있다는 생각은 헛수고일 뿐일까? 나는 이것이야 말로 우리의 태도와 행동, 반응을 통제하고자 애쓰는 것이 중요한 이유라고 믿는다.

앞으로 성공한다는 보장이 없으므로 우리는 일을 완수했다는 자체에 만족하면서 기꺼이 그 일을 해야 한다. 어떤 일이 일어나든 간에 일을 하는 여정 자체에 만족하는 법을 배워야 한다. 이것이 시크릿 소사이어티의 방식이다.

우리가 어떤 모습을 보이고 어떤 기여를 할지는 모두 우리가 통제할 수 있는 요소다. 자기가 하는 일(어떤 태도로 일할 것인가)에 푹 빠지면 나머지는 저절로 따라올 것이다.

서배너 바나나스

제시 콜은 서배너 바나나스Savannah Bananas(참고로 정식 명칭이다)라는 야구팀의 구단주다. 바나나스는 조지아주 서배너가 연고지인 마이너리그 팀이다. 얼마나 마이너리그냐고? 위로 다음과 같은 리그들이 있다.

- 메이저리그

- 트리플 A
- 더블 A
- 하이 싱글 A
- 로 싱글 A
- 쇼트 시즌 싱글 A
- 어드밴스트 루키
- 루키
- 독립 리그
- 대학 야구

그다음이 여름 대학 야구 리그이고, 바나나스는 여기에 속한다. 하지만 바나나스는 매 경기마다 4000장이 넘는 티켓을 판매하고 대기자도 수천 명에 달하며 여러 시즌 연속으로 매진을 기록했다(물론 2020년 여름은 예외다). 어떻게 그런 일이 가능할까?

서배너 바나나스는 '정상이 무엇이든 정반대로 하자'를 신조로 한다. 이런 소신을 바탕으로 그들은 사람들이 야구를 경험하는 방식을 바꿔나가고 있다. 야구팬들에게는 미안한 말이지만 야구 경기를 보러 간 적이 있는 사람이라면 야구가 길고, 느리고, 지루할 수 있다는 사실을 알 것이다. 바나나스는 관중이 야구장에서 이런 경험을 하지 않도록 즐거움을 주는 데 전력투구했다.

바나나 의상을 입은 주차요원, 경기장으로 들어가는 관중을 환영하는 악단, 문지르면 향이 나는 티켓, 경기장으로 들어가는 순간 원하는 만큼 먹을 수 있는 식사(티켓 구입 금액에 포함), 브레이크댄싱을 하는 1루 코치, '바나나 나나스'라는 어르신 댄스팀, 공격과 수비가 바뀔 때마다 막간극을 하는 선수들, 죽마를 타고 타석에 들어서는 타자들까지 즐길 거리가 가득하다. 이런 재미 요소가 넘쳐난다.

제시 콜은 서배너 바나나스가 이렇게 인기 있는 팀이 되리라고는 생각지도 못했다. 그의 팀은 관중에게 즐길 거리를 제공하기 위해 그들이 만들어낼 수 있는 순간(그 과정, 그들이 통제할 수 있는 대상)에 초점을 맞췄고, 결과는 따라왔다.

2020년 6월 26일, 서배너 바나나스는 일반적인 야구 경기를 완전히 새롭게 바꾼 바나나 볼 경기를 처음으로 시작했다. 콜은 이렇게 설명했다.

흥미진진한 영화를 보다가 자리를 뜰 수 있는 사람은 없습니다. 훌륭한 콘서트를 보다가 나가는 사람도 없죠. 그런데도 사람들은 어찌 된 일인지 야구 경기를 보다가 나가곤 해요. 그게 무슨 뜻일까요? 경기가 너무 길거나, 지루하다고 느끼는 관중이 많다는 뜻이죠. 그래서 그 부분을 바꿔야 했어요.[5]

서배너 바나나스는 바나나 볼에 적용되는 규칙 아홉 가지를 고안했다.

1. 매 회가 중요하다: 한 회에서 이기면 1점을 딴다. 5점을 먼저 딴

팀이 이긴다. 홈팀이 앞서 나가거나 홈팀이 스리아웃을 기록하는 순간 회가 끝난다.

2. **시간 제한:** 양 팀이 동점이거나 5점을 딴 팀이 없더라도 경기 시작 후 두 시간이 경과하면 경기가 끝난다(그런 경우 7번 규칙에 따라 승부를 가른다).

3. **타석 이탈 금지:** 자기 타순에서 타자가 타석을 벗어나면 스트라이크로 간주하고, 2스트라이크 상황에서 벗어나면 아웃이다.

4. **번트 금지:** 번트나 번트 시도는 하는 즉시 자동 아웃이다.

5. **타자가 먼저 도루를 할 수 있다:** 타자가 타석에 들어선 상태에서 패스트볼passed ball *투수가 던진 공을 포수가 실수로 놓치는 경우이나 폭투가 발생하면 투구 수에 관계없이 타자는 1루로 뛸 수 있다.

6. **걷기 금지:** 볼넷이 나오면 타자는 전력질주로 베이스를 돌아야 한다. 포수는 수비수에게 공을 던져 보내야 하고, 타자는 최대한 많은 베이스를 전진해야 한다.

7. **일대일 막판 타이브레이커:** 축구로 치면 승부차기 상황이다. 필드 수비수들은 모두 나가고 포수만 남는다. 투수가 타자를 상대로 삼진을 잡아내면 투수 팀이 이긴다. 타자가 공을 쳐 필드 안으로 들어가면 투수가 공을 쫓아가서 잡은 뒤 타자를 직접 태그하거나 포수에게 공을 보내 타자가 홈을 밟기 전에 포수가 타자를 태그해야 한다.

8. **마운드 방문 금지:** 경기 중에는 누구도 투수 마운드를 방문해 투수에게 이야기할 수 없다. 관중에게 이 시간은 경기 지연일 뿐

이고 누구도 그렇게 한가하지 않다.

9. **관중이 파울볼을 잡으면 아웃**: 관중이 파울볼을 잡으면 득점판에 아웃으로 공식 기록되므로 관중도 관중석에서 경기에 참가할 기회를 얻는다.

제시는 매일 아침 새로운 아이디어를 열 개씩 떠올려 목록을 만든다. 몇 년째 이어가고 있는 습관이다. 바나나 볼은 관중이 좀 더 즐겁게 경기를 관람할 수 있도록 제시와 팀이 함께 실행한 간단한 아이디어들 중 하나였다. 제시는 관중이 느끼는 재미를 높이기 위해 힘쓴다. 야구장에 나타나는 관중 수(결과)는 제시가 통제할 수 없지만 그 대신에 관중에게 재미를 제공하는 일에 푹 빠지는 법을 배웠다. **그 과정이 성공이다. 그것도 대단한 성공이다.**

아마추어의 방식

내 친구 애니 다운스는 『재밌겠는걸』이라는 멋진 책을 썼다.[6] 그 책에서 다운스는 사람들이 대부분 잊고 있는 '아마추어'라는 단어의 정의에 주목했다. 그는 사람들이 아마추어라는 단어를 들으면 대개 어떤 일을 잘하지 못하는 상태를 가리키는 것으로 여긴다고 설명했다. 즉, 미숙하다는 말과 동의어로 사용한다. 하지만 아마추어에는 다른 뜻이 있고, 아이러니하게도 사전에는 그 뜻이 첫 번째 정의로 실려 있다. 바로 "어떤 활동이나 연구, 과학, 스포츠를 직업이 아니라

취미로 삼아 참여하는 사람"이라는 뜻이다.[7] 다시 말해 돈이 아니라 그 활동을 좋아해서 하는 사람을 가리킨다.

최근에 갤럽이 실시한 여론조사에서 전 세계 정규직 근로자 10억 명 중 업무에 열중하는 비율은 15퍼센트에 그친다는 결과가 나왔다.[8]

이 통계를 근거로 판단한다면 사람들 대부분이 자기가 하는 일을 좋아하지 않는다고 말해도 무방할 것이다. 그러니 일상생활에 만족하지 않는 것도 당연하다. 일에 흥미를 잃은 사람도 있을 것이고 애초에 즐긴 적이 없는 이들도 있을 것이다. 아마추어의 정의와 정반대인 사람들이다.

어디에 전념할 것인가

좀 더 많은 사람이 일을 즐긴다면 좋겠지만 그것이 얼마나 어려운지 잘 안다. 가족을 부양하느라 아등바등 일하는 사람들에게 일을 즐기는 것은 사치일 것이다. 많은 사람이 경제적 이유로 싫어하는 일을 억지로 한다. '일을 즐긴다는 자체가 특권'이라는 생각은 일리가 있다.

서배너 바나나스라는 브랜드와 관중 체험을 열외로 놓고 주차 안내, 입장권 확인, 건물 관리, 구내매점 운영 등 직원들이 매일 저녁 수행해야 하는 구체적인 역할만 살펴본다면 즐겁게 보이지는 않는다. 이런 일은 꿈의 직업 근처에도 가지 못한다. 그저 월급을 받기 위해 출근할 뿐이다. 그렇다면 여기에서 바나나스 직원들이 일에 접근하는 방식을 어떻게 바꿨는지 배울 수 있을 것이다. 그들은 일을 즐겁게 만들기로 결심했다. 즉, 의도적으로 마음가짐을 바꾸기로 했다.

자기가 하는 일을 좌지우지할 수는 없어도 내가 어떤 모습을 보일지는 내 마음대로 할 수 있다. 오늘 불량한 태도로 출근해서 그런 태도가 자기 자신과 주변 사람들에게 영향을 미치도록 할 것인가? 근무가 끝난 뒤 집으로 돌아가 오늘 하루가 얼마나 끔찍했고 얼마나 일이 하기 싫은지 반복해서 이야기할 것인가? 자신의 경력이 얼마나 마음에 들지 않는지 계속 생각하며 괴로워할 것인가?

다른 길이 있다. 제시 콜과 서배너 바나나스는 그냥 재미를 선택한다. 꼭 그럴 필요는 없지만 그들은 재미를 선택한다. 검표원이 바나나 의상을 입고 관중들이 좋아하는 모습을 보게 하면 티켓을 확인하는 지루한 일이 조금은 더 즐거워진다. 그러다 보면 검표원이 미소를 지을 수도 있고, 그런 미소는 그 사람의 하루뿐만 아니라 그가 마주치는 모든 관중에게도 영향을 미친다. 뒤따르는 파급 효과는 측정할 수 있는 수준 너머까지 확장한다.

서배너 바나나스 직원들은 고객과 고객이 야구장에서 겪는 경험에 집착하기로 결심했다. 고객과 고객의 필요를 생각하는 시간을 늘렸다. 직원들은 이런 서비스 정신을 바탕으로 일하는 보람을 느끼고, 이는 경기장에서 가장 어렵고 지루한 일을 하는 직원들도 즐거움을 느끼는 결과로 이어진다.

직장에 바나나 의상을 입고 출근할 수는 없겠지만 달리 할 수 있는 일이 있을 것이다. 어제보다 좀 더 일을 즐기기 위해 어떤 작은 걸음을 내딛을 수 있을까? 어떻게 하면 동료나 고객이 미소 짓게 할 수 있을까? 일을 즐긴다는 자체가 성공을 정의하는 방식이고, 내가 언급한 아이디어는 새로운 결과로 이어지는 하나의 과정일 수도 있다. 결과는 통제할 수 없지만 과정에 전념할 수는 있다.

기쁨은 여정에 있다

여러분은 돈을 받지 않고 일할 수 있는가? 물론 살아가려면 생활비가 필요하지만, 그런 생활비에 신경을 쓰지 않아도 된다면 어떨까? 일 자체를 보상으로 여기고 만족할 수 있을까?

내가 애플에서 일할 때 스티브 잡스가 "기쁨은 여정에 있습니다"라고 말하는 것을 듣고 코웃음을 쳤던 기억이 있다. 그 말을 들었을 때 나는 힘든 시기를 지나고 있었다. 뮤지션이 되려고 노력했던 시절의 끝 무렵이었다. 애플에서 일하기 시작했지만 그 이유는 그저 내가 결혼을 했고 안정적인 수입이 들어오는 일자리가 필요했기 때문이었다. 부업으로 레스토랑에서 음악을 연주하면서 직업 뮤지션이 될 수 있다는 희망을 품고 있었지만 실제로 그런 일이 일어날 가능성은 무척 낮았다. 멀어져 가는 꿈에 슬퍼하며 괴로워했고, 여정을 즐기지 못했다.

기쁨은 여정에 있다는 말을 순순히 받아들이지 못했다. '댁한테나 그렇지'라고 생각했다. 하지만 돌이켜보면 잡스 말이 맞았다. 단지 내가 그 비밀을 이해하지 못했을 뿐이었다. 일 자체와 사랑에 빠지는

것이 그 기쁨을 느끼는 비결이다. 과정에 초점을 맞추고 그 안에서 기쁨을 찾을 수 있다면 하루하루가 덜 버겁게 느껴질 것이다.

일 자체가 보상이다

내가 도널드 밀러와 일하기 시작했을 무렵의 일이다. 당시 밀러는 『연애 망치는 남자』라는 책을 썼고, 팀 전체가 힘을 합쳐 열심히 출간 계획을 세웠다.[9] 우리는 책이 잘 되기를 바랐다. 진심으로 책이 많이 팔려서 베스트셀러 목록에 오르기를 기원했다. 하지만 베스트셀러 목록에 오르는 일은 신경 써야 할 부분이 많고 마음대로 되는 일은 아니었다.

책이 출간된 지 열흘 정도 흐른 어느 날, 출판사에서 밀러를 찾는 전화가 왔다. 우리는 이 전화가 걸려오면 책이 베스트셀러 순위에 올랐다는 뜻임을 알고 있었다. 밀러는 전화를 받고 나서 우리를 보며 미소를 지었다. 밀러의 책이 《뉴욕타임스》 베스트셀러 목록 5위에 올랐다고 했다. 정말 대단한 일이었다. 밀러가 낸 책 중에 가장 높은 순위였다.

짐작할 수 있겠지만 우리는 무척 기뻤다. 서로 하이파이브를 하고 얼싸안으면서 축하 인사를 나눴다. 그렇게 축하를 나눈 지 몇 분 후에 멋진 일이 일어났다. 모두가 각자 하던 일을 다시 시작했다.

스티븐 킹 역시 원고를 끝낸 뒤에 이와 비슷하게 행동한다고 한다. 쓰던 원고의 마지막 장을 타자기에서 빼낸 뒤 서랍 안에 넣는다.

그런 다음 타자기에 새 종이를 끼워 넣고 다음 책의 첫 장을 쓰기 시작한다. 그는 일의 결과나 외부 평가가 아니라 일 자체를 사랑하는 사람이다.

같은 맥락에서 『연애 망치는 남자』가 《뉴욕타임스》 베스트셀러 목록에 올랐을 때 우리가 보인 반응이 무척 특별했다고 생각한다. 우리는 오로지 베스트셀러 목록에 오르기 위해 그 일을 한 것이 아니었다. 노고를 인정받은 것 같아서 기뻤지만 베스트셀러 기록이 일하는 '이유'는 아니었다. 그런 증표가 없었더라도 나는 그 일을 한 자체에 만족했을 것이고, 우리 팀원 모두가 같은 마음이었을 것이다. 뭔가 문제가 있어서 난리법석을 떨지 않은 것이 아니었다. 우리는 성공을 알아차렸다. 단지 휘말리지 않았을 뿐이었다. 이는 내가 한 개인으로서 성장했다는 신호였다. 결과와 무관하게 그 프로젝트에 참여할 수 있어서 행복했다. 그 일 자체가 보상이었다.

성공은 과정에 있다

나는 간절하게 전업 뮤지션이 되고 싶었던 때가 있었다. 그 바람이 이뤄지지 않은 이유 중 하나가 어쩌면 너무 빨리 프로가 되려고 했기 때문이었다는 생각이 든다.

한동안 느긋하게 아마추어로 지냈더라면 이 여정에 어떤 일이 벌어졌을지 궁금하다. 작곡과 제작에 푹 빠졌더라면 어땠을까? 공연을 보러 오는 관객 수나 팔린 상품 양을 성공을 가늠하는 주요 지표로 삼는 대신에 여기저기 돌아다니며 공연을 하는 여유를 가졌더라면 어땠을지 정말 궁금하다. 그냥 그 여정을 즐기면서 "음악으로 먹고살 수 있으면 정말 좋겠죠! 하지만 그렇지 않더라도 괜찮아요"라고 말했더라면 어떤 일이 벌어졌을까?

어쩌면 지금 여러분 중에도 과거의 내가 그랬듯 여정에 기쁨이 있다는 사실을 믿지 않는 사람이 있을 것이다. 일이 생각처럼 잘 풀리지 않았던 경험 때문에 현실적으로 어렵다고 생각할 수도 있다. 어쩌면 다른 일을 시도할 생각이거나 지금 하는 일에 불안을 느낄 수도 있다.

돈이나 포상이 아니라 일 자체가 동기를 부여하는 일, 과정에 초점을 맞추고 결과에 승복하다 보면 성과는 저절로 따라오는 일을 찾자. 그런 일을 만난다면 분명 "기쁨은 여정에 있다"라고 말할 수 있을 것이다. 성공은 결과가 아니라 과정에 있다.

9장

지나온 시간이 실패는 아니다

쉬운 일을 해서 뭐 하겠습니까?
도전은 극복해야 할 때 훨씬 더
큰 가치가 있습니다.

✦

스콧 해밀턴
SCOTT HAMILTON

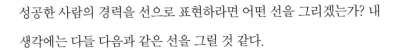

성공한 사람의 경력을 선으로 표현하라면 어떤 선을 그리겠는가? 내 생각에는 다들 다음과 같은 선을 그릴 것 같다.

사람들은 자기 경력이 건강하게 성장하는 모습을 보이기를 바란다. 실제로 이력서 작성 전문가들은 이력서에 승진이나 책임감이 증

가하는 사항을 기록해서 발전이 보이도록 쓰라고 조언한다. 수평 이 동이나 공백, 후퇴하는 모습이 눈에 띄면 바람직하지 않다. 그런 경우에는 이를 설명하고 그런 전환이 실제로는 긍정적이었음을 증명 해야 한다. 대부분의 기업에서 경력을 이 같은 시각으로 해석하기 때문이다.

예전에는 나도 성공으로 가는 길, 사다리를 오르는 과정이 꾸준한 진전으로 보여야 한다고 생각했다. 내 경력이 심각한 장애물을 만나지 않고 천천히 정상을 향해 올라가는 길이 될 것이라고 생각했다. 내가 정점이라고 여겼던 50대가 되면 과거를 돌이켜보면서 내가 성취한 모든 일에 자부심을 느낄 것이라고 예상했다. 은퇴할 날이 아주 멀지 않은 그때부터 마지막 10년 동안 좋은 선례를 남기고 후진 양성에 애쓰고, 퇴직 후 골프장에서 시간을 보내며 새로운 생활을 시작할 생각이었다.

내가 그린 삶의 이미지에는 중요한 요소가 하나 빠졌다. **살아가다 보면 뜻하지 않은 혼란스럽고 까다로운 상황이 계속 펼쳐진다는 사실 이다.**

우리는 온갖 좌절을 끊임없이 경험한다. 하는 일은 우리가 꿈꿨던 만큼 보람차지 않다. 동업자가 제멋대로 행동한다. 직책을 새로 맡으면서 늘어난 책임감에 스트레스와 불안이 몰려온다.

권투선수 마이크 타이슨은 "누구나 그럴듯한 계획이 있다. 얼굴을 정통으로 얻어맞기 전까진"이라고 말했다. 맞는 말이다. 살다 보면 전혀 예상하지 못한 순간에 정통으로 한 대 맞을 때가 있다.

코로나 19가 강타한 2020년, 전 세계에서 수많은 사람들이 이런 기분을 느꼈다. 실업률은 급증했다. 사람들은 가족과 친구들을 잃었다. 모두가 계획을 바꿔야 했다. 예상치 못하게 날아든 펀치였다.

인생에서 계획에 없는 우여곡절이 일어날 수 있다는 사실을 알면서도 진짜 난관을 맞게 되리라고는 상상도 해본 적이 없었다. 나만 이런 것은 아닐 것이다. 다들 우리 경력이 순조롭게 펼쳐지기를 바라고 기대한다. 하지만 어떤 일을 5초 이상 하다 보면 다들 진실을 알게 된다. 준비가 됐든, 그렇지 않든 간에 조만간 고난이 닥친다.

실제 성공의 모습을 선으로 그리면 다음과 같은 양상을 띤다.

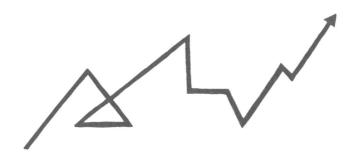

인생을 살아가다 보면 통제할 수 없는 상황을 만나서 쓰러지고 뒷걸음질치고 휘청거린다. 나와 함께 일하던 고객이 불쾌한 경험을 하고 불만을 제기한다. 목표했던 판매량을 달성하지 못한다. 상사가 일을 그만둔다. 해고를 당한다. 계획에 없었던 아이가 생긴다. 아이를 원하는데 생기지 않는다. 가족이 병에 걸린다. 이와 같이 실제 경험이 우리가 기대하는 꾸준한 상승세에 부합하지 않으면 좌절하게 된다.

도대체 난관이 없는 인생이라는 생각은 어디에서 시작된 걸까?

영화는 아니다. 영화에는 주인공이 극복해야 하는 수많은 난관이 등장한다. 요즘 블록버스터의 경우 영화 시작 후 10분 이내로 주인공이 심각한 난관을 맞닥뜨린다.

실제 인생도 아니다. 살다 보면 매일같이 별별 난관을 경험하게 된다. 큰 문제도 있고 작은 문제도 있지만 어쨌든 문제는 늘 일어난다.

어쩌면 대중문화에서 영향을 받았을 가능성이 있다. 우리는 수많은 연예인과 인플루언서들을 접한다. 소셜 미디어가 발달하면서 예전보다 그들의 삶을 더 많이 엿보게 됐다. 하지만 이런 사람들이 지금 있는 위치에 오르기 위해 얼마나 많은 난관을 극복해야 했는지는 잘 모른다. 자고 일어나 보니 유명해진 경우보다는 수십 년에 걸쳐서 성공하는 경우가 훨씬 더 많다. 그런 사람들이 실제로 어떻게 해서 성공에 이르렀는지 알고 싶어 하는 사람은 아무도 없는 듯하다. 연예인과 CEO들을 보면 별다른 문제없이 만사가 순탄하게 흘러갔다고 느끼기 마련이다. 그리고 때로는 우리 삶도 실제로 그렇게 될 수 있다고 믿는다.

우리가 희망을 갖는 심리적 기제 때문일 수도 있다. 다른 사람들이 성공하는 모습을 보면서 자기 자신과 사랑하는 사람들에게도 같은 일이 일어날 수 있다고 믿고 싶어 한다. 특히 현재의 삶이 썩 만족스럽지 않다면 더 행복한 삶을 꿈꾸는 것이 일상의 탈출구 역할을 한다.

하지만 고난이나 난관이 따르지 않은 성공이란 애초에 존재하지 않는다.

아이들이 소방관이 되고 싶다고 하면 우리는 "멋진 걸!"이라고 말한다. 그 직업이 얼마나 힘든 일인지 이야기하지 않는다. 여러분의 아들이나 딸에게 "커서 소방관이 되고 싶다고? 몇 가지 알아둬야 할 사항이 있어. 소방관이 육체적으로나 정서적으로 얼마나 엄청난 압박감을 느끼는지 생각해봤는지 모르겠네. 불을 끄려면 때로는 목숨을 걸면서 한계에 도전해야 해. 게다가 소방관은 자주 인명 손실을 겪게 되거든. 일하는 내내 제정신을 유지하려면 상담도 받고 주변 사람들에게 도움도 받아야 해"라고 말한다고 상상해보자. 물론 우리는 아이들이 어릴 때 이런 현실을 이야기하지 않는다.

그렇다면 언제쯤 진실을 알면 도움이 될까? 어떤 직업이든 난관이 있기 마련이지만 사람들은 그런 이야기를 솔직히 털어놓으려고 하지 않는다.

어떻게 해서 내가 아무런 장애물 없이 탄탄대로를 걷겠다는 헛꿈을 꾸게 됐는지는 정확히 모르겠지만 이제는 현실을 안다. 매일매일 문제를 해결하고 있다. 개중에는 정말 힘든 일도 있고, 때때로 나 혼자서 해결할 수 없는 일도 있다. 이런 일들이 모두 사라져버렸으면 좋겠다고 생각하는 순간도 있다. 그러나 난관이 아예 없다면 과연 인생이 그렇게 재미있을까?

난관이 이야기를 만든다

계획대로 위로만 올라가는 인생은 비현실적일 뿐만 아니라 지루하다. 실패나 난관이 없는 삶이 과연 추구할 가치가 있을까?

나는 도널드 밀러가 쓴 『천년 동안 백만 마일』이라는 책을 무척 좋아한다. 앉은자리(밤 10시부터 새벽 4시까지)에서 다 읽었다. 손에서 내려놓을 수가 없었다! 2009년 그날 밤 이후로 내 인생은 달라졌다. 그 책은 시작 부분에서 이야기를 구성하는 기본 요소를 소개한다. 좋은 이야기란 무엇일까? 밀러는 좋은 이야기란 "무언가를 원하는 인물이 갈등을 극복하면서 원하는 바를 얻는 이야기"라고 정의한다.[1] 이야기에서는 금방 문제가 발생하고, 관객은 곧 주인공의 승리를 응원한다. 도널드 밀러와 10년 가까이 일하면서 배운 것이 있다면 바로 좋은 이야기에는 갈등이 빠지지 않는다는 사실이다. 극복할 문제나 난관이 없다면 이야기 자체가 성립하지 않는다. 영화에는 우여곡절이 넘치고, 우리는 주인공들이 자기 앞에 닥친 난관을 어떻게 극복하는지 지켜본다. 난관은 이야기를 흥미롭게 만드는 요소이고, 나아가 이야기에 의미를 부여한다.

우리 인생도 마찬가지라면 어떨까? 문제가 우리 이야기를 망치는 것이 아니라 더 바람직하게 만든다면? 난관이 우리 이야기를 더 흥미진진하고 의미 있게 만드는 요소라면? 만사가 순조롭게 풀린다면 어떨지 생각해보자. 여러분은 부유한 가정에 태어났다. 인생 첫 차로 부모님이 신형 BMW 차량을 사줬고, 명문대에 입학해 A학점만 받았다. 지원한 첫 번째 직장에 입사했고, 면접에서 희망했던 연봉보다 더 많은 돈을 받았다. 게다가 빚도 없고, 첫사랑과 결혼했다.

이제 누군가가 여러분의 인생을 영화로 만든다고 상상해보자. 누가 그런 영화를 보려고 하겠는가?

난관은 우리 인생에서 아무것도 빼앗아가지 않는다. 오히려 난관이 인생을 만든다. 우리는 난관을 겪으면서 자기가 인생에서 무엇을 원하는지 깨닫는다. 감사하는 마음을 갖게 된다. 배우고 발전해야겠다고 생각한다. 자신이 얼마나 강한지 알게 되고 의지할 수 있는 사람과 그렇지 않은 사람을 구별하게 된다. 다른 사람에 대한 공감 능력을 키운다. 인생에서 무엇이 중요한지 그 우선순위를 파악하고 겸손을 배운다. 난관이 없다면 우리 삶은 그리 깊이 있지도, 다채롭지도, 흥미롭지도 않다. 하지만 우리는 그렇게 행동하지 않는다. 만사가 순조롭게 흘러가야 한다는 압박을 느낀다. 그런 압박감에 연예인의 성공담에 관한 장밋빛 시선과 현실을 무시하는 경향까지 더해지면 고난이 실패를 나타내는 신호라도 되는 것처럼 거부감을 느낀다. 이것이 스포트라이트 마인드셋의 영향이다. 우리는 완벽해야 한다고 느끼며 우리에게 쏟아질 시선에 대비하고 남의 눈에 어떻게 보일지에 집착한다. 실수를 용납하지 않는다. 물 흐르듯이 순조롭게 성공한 것처럼 보이고 싶어 한다.

난관을 피하려는 시도를 멈추거나 난관이 없는 듯한 태도를 멈춰보자. 그렇다면 우리는 난관에 어떻게 대처해야 할까?

넘어지고 다시 일어나기

올림픽 피겨스케이팅 선수 스콧 해밀턴은 누구보다도 실패와 고난에 대해 많이 아는 사람이다.

스콧 해밀턴은 백플립backflip*뒤로 도는 공중제비 동작으로 유명하고 공연에서 관중에게 즐거움을 선사하고자 자주 이 동작을 보여준다. 1984년 동계 올림픽에서 금메달을 따서 유명해지기도 했다. 하지만 해밀턴의 생모가 아이를 돌볼 수 없다고 결정하면서 어린 나이에 입양된 사실은 잘 알려져 있지 않다. 게다가 어린 시절에 앓은 질병으로 다른 아이들보다 성장 속도가 느려 경쟁 스케이트 선수들보다 몸집이 작았다. 해밀턴을 깊이 사랑해준 양어머니는 해밀턴이 10대였을 때 암으로 세상을 떠났다. 한 심판은 해밀턴에게 경쟁력 있는 피겨스케이팅 선수가 될 가능성은 없다고 딱 잘라 말하기도 했다. 게다가 암과 세 개의 뇌종양과 싸워서 살아남았다.

스콧 해밀턴은 누가 봐도 운이 없는 사람이었다. 하지만 그는 자기에게 닥친 난관을 약점으로 보지 않았다. 자기가 가려는 곳으로 데려다 줄 기회로 여겼다. 심지어 그런 난관을 가리켜 축복이라고 말하기도 했다.[2] 진심으로 한 말이었다!

지금 해밀턴은 내슈빌에서 세계 최고 수준의 스케이팅 아카데미를 운영하고, 선수들은 여기에서 기술을 갈고닦는다. 스콧 해밀턴 스케이팅 아카데미에 오는 학생들은 해밀턴이 하는 기술, 여러 점프들 중에서도 특히 백플립 하는 법을 배우고 싶어 한다.

학생들이 점프 기술을 배우고 싶어 하는 것은 당연하다. 그러나 해밀턴 아카데미에서는 가장 먼저 넘어지는 법부터 가르친다. 나이나 기술 수준에 관계없이 모든 학생이 기초부터 시작한다. 아무리 실력이 좋아도 피겨스케이팅 선수로 성공하기 위해 나아가다 보면 빙판 위에서 넘어지기 마련이기 때문이다. 안전하게 넘어지고 다시 일어서는 것은 중요한 기본 기술이다. 어떻게 넘어지느냐에 목숨이 달려 있기 때문이다.

주목할 만한 경력이 정상을 향해 꾸준히 상승하는 모습을 띨 것이라는 생각은 터무니없는 가정이다. 문제를 피하거나 무시하거나 감추지 않으려면 완전히 다르게 접근해야 한다.

시크릿 소사이어티는 성공적인 경력이란 난관을 받아들이고 실패에서 배우는 과정임을 강조한다.

난관을 받아들이자

난관을 받아들이는 것은 타고난 본능이 아니다. 전문가들은 트라우마를 맞닥뜨렸을 때 우리가 본능적으로 나타내는 반응을 투쟁, 도피, 경직이라는 세 가지 기본 범주로 나눈다. 사소한 난관과 마주쳤을 때도 우리가 타고난 본능은 난관에 직면(투쟁)하거나 난관을 피하거나(도피), 공포에 질려서 아무것도 하지 않는(경직) 반응을 나타낸다. 극단적인 예로 야생동물과 싸우거나, 야생동물에게서 도망치거나 야생동물을 피해 숨는 상황을 상상해보면, 이 전술들은 도움이 될 수 있다. 이 중에서 하나를 고르면 목숨을 부지할 수 있을 것이다.

하지만 일상에서 벌어지는 난관의 경우 장기적으로 봤을 때 '도피'와 '경직'은 거의 효과가 없다. 단기적으로는 이런 전술로 고난을 막을 수 있을 때도 있지만 대개는 문제가 더 심각해진다.

난관에 직면했을 때 어쩔 줄 모르는 사람과 일하기는 어렵다. 그들은 두 손을 다 들고 "어떻게 해야 할지 모르겠어요! 포기할래요!"라고 외친다. 이는 '경직' 상태다. 자연스러운 반응이지만 도움이 되지 않는다.

도피 반응을 보이는 사람과 일하기는 더 힘들다. 기업 환경에서 도피 반응은 평소처럼 계속 일하면서 회사가 천천히 타서 잿더미가 되도록 방치하는 것과 같다. 회사의 모든 상황이 제대로 돌아가지 않는다는 사실을 알면서도 이를 부정하며 그 관행을 계속 이어가는 경우도 도피 반응이다.

2020년에는 모든 기업이 난관에 부딪쳤다. 많은 기업이 싸우고도 살아남지 못했다. 하지만 살아남을 가능성이 가장 높았던 기업은 경직이나 도피 반응을 보인 기업이 아니었다. 처음부터 포기한 기업은 애초에 기회를 날렸다. 상황을 부정한 기업들은 제때 적응하는 데 실패했고 자기 발등을 찍었다.

2020년을 보내면서 성공한 리더십은 당면한 난관을 알아차리는 동시에 앞으로 나아갈 길을 찾았다. "우리는 이겨낼 수 있습니다.", "이 상황을 극복한 이후에 더욱 강해지기 위한 일을 합시다." 이것이 투쟁 정신이다.

소방관들은 투쟁 정신을 실천한다. 화재 현장을 발견했을 때 그쪽을 향해 바로 달려간다. 다른 누군가가 불을 끌 것이라는 기대는 하지 않는다. 불이 꺼질 때까지 기다리지 않는다. 연기를 보고도 못 본 척하지도 않는다. 그들은 이 순간에 대비해 훈련했으므로 화재를 발견하면 즉시 불을 향해 나아간다. 문제를 보고 이를 받아들인다.

투쟁 정신이 생산적인 팀에 어떻게 기여하는지는 쉽게 알 수 있다. 누구나 어떤 난관이 닥쳐도 기꺼이 참여하려는 사람들과 함께 일하고 싶어 한다. 그들은 난관을 있는 그대로 보고 무엇을 해야 하는지, 혹은 그 난관에 대처하기 위해 필요한 사람이 누구인지 파악한다. "할게요. 뭐가 문제죠? 무슨 수를 쓰던 해결해 봅시다"라고 말하는 사람이다.

경력을 쌓을수록 나는 점점 더 소방관처럼 되고 싶다는 생각을 한다. 화재와 연기를, 난관을 극복하는 기회로 보고 싶다. 그것이 의미 있는 삶으로 가는 길임을 알기 때문이다. 이 접근법을 채택하는 것이 시크릿 소사이어티의 방식이다. 아직은 여러분이 그런 상태가 아닐 수도 있지만, 이 책을 다 읽을 때쯤이면 여러분 역시 그런 사람이 되고 싶다고 생각했으면 좋겠다.

운동을 생각해보자. 운동이란 우리가 성장할 수 있도록 의도적으로 자기 자신을 불편한 상태로 내모는 규칙적인 연습이다. 운동하면서 느끼는 불편함이 즐겁지 않을 수도 있지만 그것이 튼튼해지는 과정임을 우리는 안다. 그 과정에서 근육이 발달한다.

물론 일하면서 일부러 괴로운 상황을 유발하라는 뜻은 아니다. 단지 원하든 원하지 않든 간에 살아가다 보면 난관이 닥친다는 사실만은 확실하다.

경력을 쌓는 과정에서 여러분은 분명히 고난을 겪게 될 것이다. 그런 고난이 닥쳤을 때 여러분은 그것을 어떻게 바라볼 것인가? 그런 시간을 낭비라거나 부끄럽게 여길 것인가? "그 일로 나는 무너졌어요"라고 말할 수도 있다. 아니면 그렇게 투쟁하는 과정에서 배우고 발전하는 단계로 도약하는 선택지도 있다. "나를 무너뜨린 것이 나를 더 강하게 만들었습니다"라고 말하는 삶이 있다.

난관을 맞닥뜨리지 않고 살아갈 수 있다고 생각한다면, 그 생각은 환상이다. 난관이 없이는 흥미롭고 의미 있는 삶을 살아갈 수 없다. **성공적인 경력을 쌓고 싶다면 반드시 난관을 거쳐야 한다고 받아들여야 한다.**

실패에서 배우자

내 음악이 담긴 앨범 수백 장을 쓰레기통에 버린 순간 나는 겸손해졌다. 판매용으로 내 앨범을 수천 장 주문했다. 열심히 공연장을 예약했고 공연의 모든 세부 사항을 꼼꼼하게 살폈다. 공연장에 들어갈 때마다 만석을 기대했지만, 어김없이 텅 비어 있다시피 했다. 설령 사람들이 왔다고 해도 그들이 내 앨범을 산다는 보장은 없었다. 몇 년이 지나도 팔리지 않자 나는 차고에서 자리만 차지하고 있는 그 상품을 버릴 수밖에 없었다.

억울했다. 이보다는 좋은 평가를 받아야 마땅했다. 실패했다고 느꼈다. 피해자가 된 것만 같았다. 내 앞날이 '오른쪽 위'를 향해 직선으로 나아가리라던 기대는 좌절만 가져왔다. 그러나 이제는 그때 겪었던 모든 기복이 바로 지금 하고 있는 일을 하도록 이끌었다는 것을 안다.

뮤지션 지망생으로 살다가 매니저로 뮤지션과 함께 일하기 시작하면서 나 자신이 나아갈 새로운 길을 봤다. 창작 활동에 참여할 수 있으면서도 프로젝트가 제대로 돌아가도록 제반 사항과 운용 업무를 담당할 수 있는 위치였다. 창작 활동을 뒷받침하고 대형 프로젝트를 관리하는 능력 덕분에 스토리브랜드에서 팀을 이끄는 역할을 맡게 됐다. 뮤지션으로 실패하지 않았더라면 이런 일들을 할 수는 없었을 것이다.

모든 실패는 배움의 기회다. 스콧 해밀턴은 "모든 목표에는 언제나 장애물과 난관, 좌절이 따르기 마련이다. **여러분을 정의하는 것은 그런 좌절이 아니라 여러분이 좌절에 대응하는 방식이다**"라고 말했다.[3] 호기심을 가지고 그 좌절에 대응해보자.

프로 골퍼 벤 크레인이 이를 잘 보여준다. 그는 골프 경기를 할 때마다 실패에 초점을 맞추는 대신 성찰하는 질문 세 가지로 스스로를 인도한다.

1. 내가 무엇을 잘했을까?
2. 내가 무엇을 배웠을까?

3. 내가 배운 것을 어떻게 실천할 수 있을까?

두 번째 질문이 실패의 핵심을 포착한다. 이 질문은 무엇이 잘못됐는지 묻는 대신에 "여기에서 무엇을 배웠을까?"라는 긍정적인 대응을 유도한다.

벤 크레인이 던지는 질문 세 가지는 올림픽 사격 선수이자 『승리를 마음에 품고With Winning in Mind』의 저자인 래니 배샴이 밝힌 철학과 같은 맥락이다.[4] 그는 초점을 맞추는 쪽으로 나아간다는 철학을 갖고 있다. 그러니 실패에 초점을 맞추면 실패할 가능성이 높아진다는 것이다. 똑같은 실수를 계속 되풀이하도록 스스로를 몰아가는 셈이다. 반대로 성공에 초점을 맞추면 성공할 가능성이 높아진다.

벤 크레인은 래니 배샴이 만든 정신력 관리 시스템을 채택했다. 부정적인 요소에 집착하는 대신 자신이 무엇을 배웠는지 자문한다. **이 질문은 실패조차 성공으로 나아가는 길로 바꾼다.** 그는 부정적인 내용을 기록하지 않고 교훈을 열거한다. "실수는 없습니다. 그저 배우는 과정이죠. 학습하고 고쳐나가면서 실력을 키울 기회일 뿐이에요."[5] 크레인의 말처럼 이런 식으로 개념을 잡으면 뇌에 부정적인 인상이 아니라 긍정적인 인상을 남긴다. 그런 다음에 세 번째 질문이 생각을 행동으로 옮겨 어떻게 대응할지 정한다.

스콧 해밀턴은 옳았다. 여러분을 정의하는 것은 실패가 아니라 '대응'이다.

계속 전진하자

배우 제이슨 서데이키스는 드라마 〈테드 래소Ted Lasso〉에서 영국 축구 팀 코치로 가게 된 미국인 테드 래소 역을 맡았다. 극 중에서 테드 래소는 팀 선수를 격려하고자 "세상에서 가장 행복한 동물이 뭔지 아니? 금붕어야. 금붕어는 기억력이 10초거든. 금붕어가 되자"라고 말한다.

운동선수나 운동선수 역할을 맡은 배우, 나아가 어떤 직업에 종사하는 사람이든 간에 다들 테드 래소의 말에서 깨닫는 바가 있을 것이다. 우리는 실패를 극복하고 계속 밀어붙이는 법을 배워야 한다. 과거에 짓눌리지 말고 실패한 기억을 뒤로한 채 계속 전진하자.

스콧 해밀턴은 이런 '계속 전진' 원칙을 아주 잘 보여준다. 두 살 무렵 해밀턴은 알 수 없는 병에 걸려 성장이 멈췄다. 이후 6년 동안 그를 담당한 의사들은 부적절한 치료를 계속했다. 나중에 그는 낭포성섬유증(오진)이라는 진단을 받았고 앞으로 6개월밖에 살 수 없다는 말을 들었다(이 역시 오진). 해밀턴의 부모는 새로운 식이요법과 운동요법을 처방받았고 해밀턴은 다시 성장할 수 있었다. 이 무렵에 그는 스케이트를 타게 해달라고 부모님을 설득했다. 그리고 알다시피 그는 역사를 썼다.

스콧 해밀턴의 사연은 정말 놀라운 이야기지만 그는 자신의 여정이 특이하다고 생각하지 않았다.

생명을 위협하는 질병에 걸렸다는 진단을 받아야만 자기 안에 있는 회복탄력성을 발견할 수 있는 것은 아닙니다. 단지 손에 넣기 위해서라면 무엇이든 기꺼이 할 만큼 간절하게 원하는 것이 무엇인지 알아야 할 뿐이죠. 그런 다음 여러분이 나아가는 길을 가로막는 장애물과 '한계'를 처리해나가고, 여러분이 살고 싶은 인생을 방해하는 모든 것을 그만두기로 결심하면 됩니다.[6]

해밀턴은 여러분이 원하는 것에 초점을 맞추라고 격려한다. 한계에 짓눌리는 대신 계속 전진해야 한다.

힘든 시기가 왔을 때 당황하는 사람은 당연히 정말 많다. 건강이나 인간관계, 경력 등 모든 분야에서 고난이 찾아올 수 있다. 난관은 닥치겠지만 그렇다고 해서 당황할 필요는 없다. 난관은 전진을 가로막지 않는다. 나는 시크릿 소사이어티에서 실패란 더 나아가도록 도와주는 디딤돌임을 배웠다. 여러분이 무엇을 배웠는지(벤 크레인의 성찰 질문)에 초점을 맞추고 모든 걸음에서 다음 도전을 향해 나아가는 추진력을 얻자.

탐스는 어떻게 실패를 전진으로 바꿨을까

3000개를 주문하려고 했는데 3만 개를 주문했다고 상상해보자. 무엇을 주문했든 0을 하나 더 추가한 것은 아주 큰 실수다.

탐스는 흰색 캔버스 신발을 주문하면서 이런 실수를 저질렀다.[7] 특별 주문이었으므로(당시에는 아무도 이런 신발을 만들지 않았다) 반품할 수도 없었다. 6장에서 봤듯이 탐스는 부드러운 캔버스 스타일 슬립온과 일대일 비즈니스 모델로 큰 인기를 끌고 있다. 하지만 이 실수는 탐스가 사람들의 인기를 얻기 전에 일어났고, 이 때문에 회사가 문을 닫을 위기까지 갔다. 탐스는 이 많은 흰색 캔버스 신발을 어떻게 했을까?

먼저 손해를 감수하고 모든 상품을 할인해 최대한 많이 파는 전략을 생각해볼 수 있을 것이다. 하지만 탐스는 장기적으로 볼 때, 이는 올바른 결정이 아니라고 생각했다. 회사 설립자인 블레이크 마이코스키는 이 순간을 실력을 키울 기회로 활용했다. 난관이자 실패로 보이는 이 순간에서 도망치는 대신 팀을 모았고, 팀은 아이디어를 떠올렸다. 잭슨 폴락 스타일 그림이 전문인 화가 타일러 램지를 영입해 신발에 그림을 그리게 하는 전략이었다.

이 신발은 고객들에게 인기를 끌었다. 탐스의 핸드페인팅 신발은 제작 속도보다 더 빠르게 팔려나갔다. 타일러 램지는 바닥에 신발 수천 켤레를 늘어놓은 다음 지게차에 올라 한 번에 대량으로 물감을 튀겨 그림을 그려야 했다. 지금까지 램지는 12만 켤레가 넘는 신발에 그림을 그렸다.

이 훌륭한 아이디어가 다른 아이디어를 낳았다. 탐스는 타일러 램지가 그린 '미술 작품'을 판매하는 데 그치지 않고 '스타일 유어 솔 Style Your Sole'이라는 행사를 열어 누구나 자기 신발에 그림을 그릴 수 있도록 했다. 이 행사를 계기로 나는 탐스에서 일할 기회를 만났다.

나는 대학생 때 탐스와 일대일 기부 비즈니스 모델을 처음 들었다. 이 운동에 어떤 식으로든 참여하고 싶다고 생각했다. 샌타모니카로 이사하면서 탐스 본사에서 한 계절 동안 일할 수 있는 기회가 생겼고 나는 그 기회를 잡았다. 캘리포니아에 있는 동안 나는 미국의 여러 대학교에서 스타일 유어 솔 행사 개최를 예약하는 팀에 합류했다. 행사장에서 탐스 고객들과 함께하며 고객 한 명, 한 명의 열정을 본 경험은 잊지 못할 기억이다. 이 모든 성공은 탐스 본사 팀이 계속 낙관적인 태도를 보였기 때문에 가능했다. 그들은 아무런 난관을 겪지 않고 천천히 정상에 오를 수 있다는 헛된 믿음을 갖지 않았다. 그들은 파국으로 갈 수 있는 실수를 했을 때도 기회를 만들었다. 그들은 앞으로 무엇을 배워야 하는지에 대해 배웠고 계속 전진했다.

블레이크 마이코스키와 그의 팀이 내린 결정은 내 삶에도 영향을 미쳤다. 그들이 주문 실수에 정면으로 맞서기로 하지 않았더라면 내가 탐스에서 일할 기회는 없었을 것이고, 그로 인해 내 경력이 어떻게 달라졌을지 누가 알겠는가.

스포트라이트 마인드셋에 갇힌 사람은 실패를 조금도 경험하려 하지 않는다. 성공한 사람 이외에 다른 어떤 모습도 자존심이 용납하지 않는다.

난관에 직면하면 상처받기 쉽다. 실패하면 초라해진다. 스포트라이트 마인드셋을 가진 사람들은 실수와 고난을 받아들이기보다는 감추려고 한다.

하지만 난관은 성공으로 가는 여정의 일부다. 사실 실패를 경험하고 실패에서 배우는 것은 목표를 달성하는 가장 빠른 길이다. 스콧 해밀턴은 "목표는 실패를 줄이는 것이 아니라 실패를 더 능숙하게 직면하는 법을 배움으로써 실패를 최적의 학습 기회로 활용하는 것"이라고 가르쳤다.[8] 우리 앞에는 항상 난관이 대기하고 있고 우리는 실패를 향해 달려가는 데 능숙해져야 한다.

시크릿 소사이어티의 방식은 소방관이 되는 것임을 기억하자.

10장

삶의 무기가 되는
신경 끄기

누가 공로를 차지하는지 상관하지 않는다면

할 수 있는 일이나 갈 수 있는 곳에

한계란 없을 것이다.

✦

재임 당시
로널드 레이건 대통령 집무실 책상 위
명판에 새겨져 있던 문구

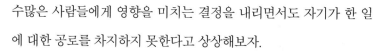

수많은 사람들에게 영향을 미치는 결정을 내리면서도 자기가 한 일에 대한 공로를 차지하지 못한다고 상상해보자.

얼리사 마스트로모나코는 버락 오바마 대통령 재임 시절에 역대 최연소로 대통령 비서실 부실장을 지냈다. 마스트로모나코는 오바마가 상원의원 선거에 출마할 때부터 대통령에 취임한 이후까지 10년 동안 곁에서 일했다. 오바마 주변에서 일어나는 일 중에서 그가 잘 모르거나 관여하지 않는 일은 거의 없었다.

마스트로모나코는 7만 3000제곱미터에 이르는 백악관 구내 전체와 행정부에 속한 직원 1700여 명을 전부 책임졌다.[1] 이뿐만 아니라 대통령 전용기, 대통령 전용 별장, 대통령 전용 헬기를 관리하는 군인 3500명도 감독했다.[2] 그는 저서 『누가 이게 좋은 생각이래?』에서 자기가 맡은 직책을 다음과 같이 설명했다.

고급 사무실과 높은 연봉은 없었다. 그러나 항상 새로운 것을 가르쳐주는 사람들과 함께 정말 사랑하는 일을 할 수 있었다. 내가 진심으로 믿는 대의를 위한 일이었다.[3]

오바마 옆에서 일하는 마스트로모나코의 모습에서 나는 강한 내적 동기와 일을 향한 열정을 가진 시크릿 소사이어티의 마음가짐을 본다. 그는 장시간 일했고 모든 미국인, 나아가 전 세계에 영향을 미치는 사람들과 프로젝트를 이끌었지만 그 공로를 차지하려 들지 않았다. 그런 것에는 상관하지 않았다. 그런 동기로 움직이지 않았다.

버락 오바마 대통령이 임기 동안 달성한 업적 중에는 마스트로모나코가 있었기에 가능했던 일이 많았다. 하지만 얼리사 마스트로모나코라는 이름은 거의 알려져 있지 않다. 그는 스포트라이트를 바라지 않았고, 자기가 기여한 일의 공로를 기꺼이 대통령에게 돌렸다. 그는 "내가 성공을 거둘 수 있었던 이유는 버락 오바마 대통령을 위해 일한다는 사실을 망각하지 않았다는 데 있었다"라고 말했다.[4]

자기 안의 변화

시크릿 소사이어티의 길로 나아가다 보면 내면에서 일어나는 변화를 알아차리기 시작할 것이다. 절실하게 관심을 받고 싶은 마음이 사라진다. 예전에는 더 많은 것을 추구하고 다음에 할 일을 찾는 데 온통 마음을 빼앗겼지만 이제는 그런 일에 그리 신경을 쓰지 않게 된다. 팀에 기여하고 주변 사람들이 해내도록 도울 수 있을지 궁리하느라 바빠진다. 전에는 회의에서 이름이 불리거나 상사에게 인정받고 싶어하고 주목을 받지 못하거나 과소평가받는다고 느낄 때 불평했다면 이제는 그런 일로 스트레스를 받지 않는다. 눈앞에 놓인 오늘의 일을 생각하면서 출근하게 된다.

이 경지에 이르렀다면 제대로 하고 있다는 뜻이다. 정확히는 좀 더 높은 수준에 도달했다고 할 수 있다. 스포트라이트 마인드셋이 초래할 수 있는 파괴를 알아차렸을 뿐만 아니라 시크릿 소사이어티가 소중하게 여기는 것에 초점을 맞추게 된 것이다.

이런 수준에 이르지 못했다고 하더라도 걱정할 필요는 없다. 이 경지에 오르기까지는 여러 차례 반복이 필요하다. 앞에서 말한 태도는 시크릿 소사이어티의 방식을 오랫동안 훈련한 사람의 모습이다. 막 시작한 단계라면 자책할 필요가 없다. 시간이 흐르면 그렇게 될 것이다.

자기 안에서 이런 변화가 일어나고 있다고 느끼는 사람이라면 머지않아 인정받게 될 것이다. 누군가가 당신의 등을 두드려주거나 공로를 치하해줄 것이다.

예전에 나는 스스로가 관심을 받을 만한 사람이라고 느꼈다. 마음 속으로 '드디어 알아주는군'이라고 생각했다. 연료가 부족한 자동차처럼 관심을 받아들이곤 했다. 그날 내내 행복했다. 하지만 그런 만족감이 지속되지는 않았다. '내가 하는 다른 모든 일들은 언제 알아주지?'라는 생각이 들었다.

하지만 지금은 칭찬을 들으면 뜻밖의 일처럼 느껴진다. 금상첨화다. 고맙지만 그게 내가 일하는 이유는 아니다. **이제 관심과 인정은 나를 계속 나아가게 하는 연료가 아니다. 이미 필요한 모든 것이 충분하다.**

그렇다면 시크릿 소사이어티 일원은 이렇게 뜻밖의 일에 마주치면 어떻게 할까? 평소 다른 행동들과 마찬가지로 혁명적이고 주류 문화와 어긋난다. 그들은 공로를 남에게 돌린다.

"나 자신에 대해 그리 많이 생각하지 않아요"

누군가가 공로를 아주 자연스럽게 남에게 돌린다면 이는 그 사람이 시크릿 소사이어티의 일원임을 명확하게 말해주는 증거다.

거의 평생을 그늘에서 보낸 한 사람이 바로 이런 경우였다. 애플의 CEO 자리에 오르기 전에 팀 쿡은 스티브 잡스가 이끄는 애플에서 최고운영책임자를 맡고 있었다. 세계가 스티브 잡스를 주시하는 동안 쿡은 뒤에서 조용히 일했다. 쿡 역시 수많은 일을 해냈지만 세상은 스티브 잡스를 중심으로 돌아갔다. 스포트라이트는 움직이지 않았다. 하지만 스티브 잡스가 세상을 떠나면서 팀 쿡이 책임을 짊어지게 됐다.

스티브 잡스가 자기 후임으로 여겼던 팀 쿡. 마침내 그가 모습을 드러낼 시간이 됐다. 스티브 잡스처럼 상징적이고 세상을 바꾸던 사람의 빈자리를 어떻게 채울 수 있었을까?

CEO로 취임한 지 3년 6개월 만에 쿡은 자신이 애플을 새 시대로 이끌 준비가 되었음을 세상에 보여줄 기회를 얻었다. 스티브 잡스가 세상을 떠난 뒤 처음으로 내놓은 신제품 애플워치의 공개였다. 그때까지 아이폰과 아이패드, 컴퓨터의 새로운 버전을 출시하기는 했지만 애플워치는 쿡이 이끄는 애플에서 새로운 카테고리로 출시하는 첫 번째 제품이었다.

애플워치 출시를 대대적으로 발표한 직후 〈나이트라인〉에 출연했을 때 앵커 데이비드 뮤어는 쿡에게 "당신을 위한 순간이 왔네요, 지금이 애플에서 당신이 쌓은 경력의 정점입니까?"라고 물었다.

아마도 사람들은 쿡이 보통의 사람들이 이런 상황에서 했을 법한 대답을 할 것이라고 예상했을 것이다. 다시 말해 지금까지 걸어온 여정을 짧게나마 이야기할 것이라고 생각했을 것이다. 그는 오랫동안 눈에 띄지 않는 곳에서 성실하게 일했다. 사람들은 그가 애플의 성공에 얼마나 기여했는지 몰랐고, 그 자리는 그런 기여를 조금이라도 흘리거나 심지어 지금 그가 있는 자리에 서기까지 자기가 했던 모든 일을 대놓고 말할 수 있는 기회였다. 얼마간이라도 공로를 차지할 수 있는 순간이었다. 하지만 쿡의 대답은 정반대 방향을 향했다. "지금은 애플을 위한 순간입니다. 나 자신에 대해서는 그리 많이 생각하지 않아요."[5] 이 두 문장은 팀 쿡과 그의 리더십에 대해 우리가 알아야 할 모든 것을 알려준다.

세계 무대에서 미국 전역으로 방송돼 수많은 시청자가 보는 인터뷰를 하면서도 쿡은 미끼를 물지 않았다. 그는 애플워치 출시 인터뷰는 팀 쿡 쇼가 아니라고 결정했다. 그는 자기 자신을 팀의 일원으로 여겼다. 공로를 차지하려는 대신 공로를 돌렸다.

그 모습을 보면서 나는 큰 감명을 받았다. 나는 아직 그런 경지에 이르지 못했기 때문이다. 만약 내가 그런 무대에 올랐다면 스포트라이트를 만끽하고 싶었을 것이다. 팀 쿡을 보면서 나는 아직 갈 길이 멀었음을 느꼈다.

쿡의 대답을 듣고 나는 레이건 대통령이 재임 시절 집무실 책상 위에 놓아뒀던 명판을 떠올렸다. 그 명판에는 "누가 공로를 차지하는지 상관하지 않는다면 할 수 있는 일이나 갈 수 있는 곳에 한계란 없을 것이다"라는 글귀가 새겨져 있었다.[6] 팀 쿡은 공로를 회사 전체에게 돌렸다. 훌륭한 지도자들은 눈에 띄지 않는 곳에서 일하는 사람들을 치켜세운다. 이는 의식적인 결정이며, 그 사람이 훌륭한 지도자인 동시에 기품 있는 인간임을 나타내는 표시다.

세계 무대는 아니더라도 여러분과 내게는 팀 쿡이 모범을 보였던 행동을 할 수 있는 기회가 있다. 회의 중에 상사가 여러분을 지목해 일을 잘했다고 칭찬한다면 그 공로를 나누자. 누군가가 여러분을 꼭 집어 지목한다면 여러분의 팀에게 공로를 돌리자.

공로 사양하기 vs 공로 나누기

여기에서 공로를 사양하는 것과 공로를 나누는 것이 어떻게 다른지 구분하고자 한다. 누군가가 여러분의 진가를 알아봤을 때 칭찬을 어떻게 받아들여야 할지 몸 둘 바를 몰랐던 적이 있는가? 대부분이 그런 경험을 해봤을 것이라고 생각한다. 어디를 봐야 할지 모르거나 안절부절못하기 시작한다. 그러다가 그 순간에 가장 자연스럽다고 느껴지는 행동을 한다. 바로 사양하기다. 실제로 많은 일을 했고 오랜 시간 고생했으면서도 "별로 한 것도 없어요"라거나 "진짜 아무것도 아니었어요"라고 말한다.

여기에 숨어 있는 문제가 있다. 공로를 인정받고 싶은 마음과 사양하고 싶은 마음은 '불안'이라는 같은 감정에서 비롯된다. 공로를 인정받지 않으면 가치가 없다고 느끼기 때문에 공로를 인정받고자 한다. 반대로 스스로 가치 있다고 느끼지 않기 때문에 공로를 차지하려고 하지 않는다. 언뜻 정반대로 보이는 이 두 행동은 모두 자신감 혹은 자부심 부족이라는 같은 문제에서 생겨난다.

앞에서 내가 설명한 품행의 핵심은 공로를 차지하지 않으려는 마음이 아니라 공로를 인정받지 않아도 된다는 태도다. 공로를 인정받지 않아도 상관없다는 태도는 자기가 한 일의 가치를 알고 있고 자기 자신을 믿는 데서 나오는 것이다. 우리가 한 일의 가치를 안다면 당당하게 칭찬을 받아들이고 품위 있게 다른 사람에게도 공로를 돌릴 수 있다.

아무런 도움이나 인도, 지원 없이 지금 있는 자리에 도달한 사람은 아무도 없다. 영국의 시인 존 던은 1624년에 이 사실을 정확하게 지적했다. "어떤 사람도 섬이 아니요, 홀로 온전하지 않으리. 모든 사람은 대륙의 한 조각이자, 본토의 일부라네."[7] 우리는 혼자가 아니고, 우리가 하루에 하는 일의 대부분은 어떤 식으로든 팀이 함께 노력한 결과다.

나아가 공로를 인정받지 않아도 된다는 태도는 감사하는 자세에서도 나온다. 내 경우 부모가 되면서 이 교훈을 배웠다.

"영광스러운 일 아니니?"

양육은 어려운 일이다. 그저 잠시 눈을 붙이고 싶은 마음이 가득할 때도 끈기 있게 자녀 곁을 지켜야 한다. 게다가 제대로 된 휴식도 없다. 주변 사람들이 부모가 된다는 것이 어떤 일인지 내내 가르쳐줬지만 진짜로 닥치기 전까지는 무슨 말인지 제대로 이해하지 못했다. 하지만 인생이 쉬워질 것이라는 기대로 양육 전선에 뛰어들지는 않았다. 아내나 남편을 보면서 "이제 가정을 꾸릴 때가 된 것 같아. 그러면 인생이 정말 수월해지고 덜 복잡해질 거야"라고 말하는 사람은 없다. 수많은 난관을 예상했지만 그래도 부모가 되고 싶었다. 아내와 나는 우리가 모르는 온갖 것을 무릅쓰고 모험에 나섰다.

한계에 다다랐을 때, 끊임없이 달래고 먹이고 놀아주고 달래느라(두 번이 맞다) 시달려 몸도 마음도 지쳤을 때, 도저히 끝까지 해낼 수 없을 것 같다는 생각이 드는 날에도 계속해서 아이들을 돌보고 곁을 지킬 방법을 찾아야 한다. 당신의 마음가짐과 행동이 시험에 드는 이런 날에 여러분은 어떤 모습을 보일지 결정해야 한다. 인내심과 품위, 연민으로 대응하겠는가? 아니면 나중에 스스로 떳떳하지 못하게 대응할 것인가?

부모는 양육을 하면서 마땅히 인정받아야 할 공로를 결코 인정받지 못한다. 외부에서 바라보는 사람들은 물론이고 자녀들조차 인정하지 않는다. 지금까지 그런 공로를 인정받은 부모는 없었고 앞으로도 없을 것이다. 그런 탓인지 어버이날이 매년 더욱 의미 있게 느껴진다. 꼭 나와 아내에게 그렇다기보다는 우리 부모님을 생각하게 된다. 내 친구 세라는 지난 어버이날에 어머니에게 바치는 아름다운 헌사를 올렸다. 그 글에는 많은 사람들이 자기를 키워준 사람에 대해 느끼는 감정이 잘 담겨 있었다.

가끔 새벽 두 시에 아들을 어르고 달래서 재우다 보면 엄마도 내게 똑같이 해줬을 것이라는 생각을 평생 한 번도 해본 적이 없다는 사실을 깨달아요. 엄마들은 마법과 같은 존재이지만, 안타깝게도 그 사실을 알아차리기까지는 몇십 년이 걸리곤 하죠. 엄마가 된 이후로 계절이 바뀌거나 새로운 경험을 할 때마다 엄마에게 감사하다고 말해야 할 새로운 이유를 발견합니다. 우리가 얼마나 사랑받았는지 제대로 몰랐을 때조차 아낌없이 베풀어주셔서 고맙습니다. 이제야 알 것 같아요.[8]

요즘 내가 어버이날에 엄마에게 드릴 카드에 쓰고 싶은 내용이 바로 이런 말이다. 세라처럼 나 역시 그런 일들을 직접 경험하기 전까지는 엄마가 내게 어떤 일을 해주셨는지 거의 모르다시피 했다. 엄마가 나를 키우셨을 당시에는 어머니의 공로를 인정해드리지 못했지만 이제는 그 잘못을 만회하려고 애쓰는 중이다. 모든 사람이 부모님과 관계가 좋지는 않고, 어린 시절을 돌이켜보며 다정한 기억을 떠올릴 수 있는 것도 아니다. 하지만 설사 완벽하지 않았더라도 대부분의 부모가 스스로 아는 범위 내에서 최선을 다했다고 믿고 싶다.

어떤 일을 잘 해냈을 때 마땅히 인정받아야 할 공로가 없더라도, 최선을 다할 동기를 찾아야 한다. 그것이 양육을 하고 인생을 살아가는 데에 필요한 태도다. 나아가 애초에 공로를 인정받고 싶다는 생각조차 하지 않고 그 일을 즐겁게 할 수 있다면 더할 나위 없다.

우리 집에서는 내 아내 케이티가 이를 몸소 실천하는 모습을 목격했다. 아내는 원래도 대단한 사람이었지만 아이들이 태어난 이후로 차원이 다르게 대단해졌다.

최근에 아들이 영유아 검진을 받은 적이 있다. 우리는 검진일 전날에 아들에게 미리 귀띔을 했다. 검진 이야기를 꺼내자마자 아들 표정이 달라졌다. 나는 '내일은 힘든 하루가 되겠군'이라고 생각했다. 그때, 아내는 장난감 통에서 병원놀이 세트를 집어 들더니 장난감 청진기와 검이경*귀 내부를 들여다볼 때 사용하는 의료기구, 가짜 반창고를 비롯한 병원용품들을 꺼냈다. 아내는 "저드슨, 병원에 가려니까 불안하구나. 미리 연습해볼까? 의사 할래, 환자 할래?"라고 물었다. 아내와 아들은 꼬박 30분 동안 서로 의사와 환자 역할을 번갈아가면서 맡았고, 아들의 표정은 조바심에서 호기심을 거쳐 기쁨으로 바뀌었다. 이를 두고 아내를 칭찬하는 사람은 아무도 없을 것이다. 아내는 아들이 자신의 감정을 있는 그대로 느끼도록 하면서도 부드럽고 애정 어린 방식으로 부정적인 감정에서 빠져 나오도록 이끌었다.

나는 아내에게 보답으로 아무것도 기대하지 않고서도 주고 또 주겠다는 동기를 어떻게 찾는지 물었다. 자신이 하는 모든 일에 대한 공로를 제대로 인정받을 수 없다는 사실을 알면서도 어떻게 계속 나아갈 수 있는지 궁금했다. 아내는 저드슨이 태어난 지 몇 달이 지났을 때 갓난아기를 키우는 다른 친구와 대화를 나누며, 밤중에 일어나서 아이에게 젖을 먹여야 하는 고단함과 몸이 녹초가 되는 듯한 기분 같은 온갖 어려움을 이야기했다고 했다. 그 말을 들은 친구는 아내가 영영 잊지 못할 대답을 했다.

그는 진심으로 감사하는 마음을 담아 "영광스러운 일 아니니?"라고 말했다. 그 말이 아내의 마음과 생각을 바꿔놓았다. 아내는 양육을 언제나 달래줄 수 있는 유일한 사람, 간절히 필요하고 깊이 신뢰받는 유일한 사람이 된다는 영광스러운 일로 보기 시작했다. 양육에 따르는 여러가지 난관이 있지만 아내는 자기가 힘들어지더라도 아이들에게 가장 바람직한 일을 하려고 전념한다. 아내는 "그렇게 생각하다 보니까 저절로 하게 됐어. 이제는 습관이 됐고"라고 말했다.

이것이 시크릿 소사이어티의 방식이다. 희생이 따르는 상황에서도 공로를 인정받겠다는 욕심 없이 열심히 일한다. 그 자체를 영광스러운 일로 여긴다.

나는 오랫동안 공로를 인정받고자 했다. 그저 내가 한 일을 인정받고 싶었을 뿐이었다. 단지 조금이라도 공로를 인정받을 수 있다면 사다리 꼭대기에 오르려고 조바심치지 않을 수 있을 것 같았다. 공로를 인정받으면 만족감을 느낄 테고, 그러면 더는 스포트라이트 마인드셋에 휘둘리지 않을 것 같았다.

하지만 앞에서 소개한 이야기로 느꼈든, 직접 경험에서 느꼈든 간에 지금쯤이면 여러분도 진실을 알 것이다. 15분간 명성을 누리거나 뉴스레터에서 여러분을 집중적으로 다뤘거나 늘 염원했던 승진을 했더라도 더 많은 것을 바라는 욕구를 충족시키지는 못할 것이다. 거트루드 스타인이 말했듯이 "그곳에는 그곳이 없다."[9]

예전에 나는 성공할수록 공로도 더 많이 인정받게 될 것이라고 생각했다. 하지만 시크릿 소사이어티 방식대로 살아가기 시작하고, 더 많은 성공을 거두면서 나는 그것이 내가 살아가고자 하는 방식이 아님을 깨닫고 있다. **나는 성공할수록 더 많은 공로를 남들에게 돌리고 싶다. 나아가 애초에 공로를 차지하려 들지 않는 자세를 배우고 싶다.**

11장

좌절한 시기는 오는 것이 아니라
만드는 것이다

욕망에는 한계가 없다.

결코 욕망을 만족시킬 수 없다.

문제는 인간에게는 한계가 있다는 것이다.

그래서 인간은 안절부절못하고 괴로워한다.

✦

존 마크 코머*
JOHN MARK COMER

* 미국의 목사이자 작가

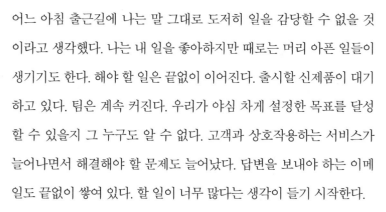

어느 아침 출근길에 나는 말 그대로 도저히 일을 감당할 수 없을 것이라고 생각했다. 나는 내 일을 좋아하지만 때로는 머리 아픈 일들이 생기기도 한다. 해야 할 일은 끝없이 이어진다. 출시할 신제품이 대기하고 있다. 팀은 계속 커진다. 우리가 야심 차게 설정한 목표를 달성할 수 있을지 그 누구도 알 수 없다. 고객과 상호작용하는 서비스가 늘어나면서 해결해야 할 문제도 늘어났다. 답변을 보내야 하는 이메일도 끝없이 쌓여 있다. 할 일이 너무 많다는 생각이 들기 시작한다.

그래서 머릿속을 정리하려고 팟캐스트를 들었다. 그날 이 에피소드를 듣게 된 것은 우연이 아니었다고 확신한다. 그날 아침 메시지를 전한 사람은 미니애폴리스에 있는 이글 브룩 교회 목사 제이슨

스트랜드였다. 그는 양들이 푸른 목초지에서 풀을 뜯는 모습을 바라보는 한 양치기에 관한 유명한 시편 구절을 언급했다. 그러다가 한 번도 들어본 적이 없는 현상을 소개했다. 바로 양 고창증이었다.[1]

농장에서 자란 사람이 아니라면 양 고창증을 들어본 사람은 별로 없을 것이다. 양은 그냥 방치하면 그만 먹어야 할 때를 모른다고 한다. 양은 충분히 배가 부른 때와 과식했을 때를 구별하지 못한다. 그래서 들판에 풀어놓고 방목하면 양이 풀을 너무 많이 먹어서 심각하게 아프거나 심지어 죽는 경우도 있다.[2] 사람들은 양이 건강에 좋지 않거나 독성이 있는 먹이를 먹어서 죽는다고 생각한다. 하지만 정말 몸에 좋은 먹이를 먹고도 죽을 수 있는 것이다.

스트랜드가 건넨 메시지는 우리 사회가 얼마나 피로에 시달리고 있는지를 생각하게 한다. 빨리 가고, 더 많이 하고, 더 열심히 일해야 한다는 압박감이 위험한 지경에 이르고 있다. 나는 이를 분명히 느끼고 있었다. 스트랜드는 스포트라이트 마인드셋을 언급했다. 스포트라이트 마인드셋은 언제나 더 많은 것을 좇으라고 부추긴다. 게다가 이 세상은 돈, 영향력, 관심에 이르기까지 좇을 대상을 계속 만들어낸다. 기회는 도처에 널려 있다. 문제는 과한 욕심을 부리는 것이 정말로 위험할 수 있다는 점이다. 우리는 더 많은 것을 좇을 때 따르는 결과가 있다는 사실을 명심해야 한다.

스트랜드의 팟캐스트를 들으면서 나는 양치기의 역할이 그저 포식자에게서 동물들을 안전하게 지키고 방목장을 옮겨 다니도록 동물들을 모는 데 그치지 않는다는 것을 배웠다. 양치기는 동물이 과식하지 않도록 막는 역할도 한다. 양이 자제하지 않고 계속 먹으면 양치기가 개입해서 양을 높여 그만 먹도록 막는다.

스트랜드는 메시지를 확실하게 전했다. "여러분은 누울 수도 있고 눌릴 수도 있습니다. 속도를 늦출 수도 있고 넘어질 수도 있습니다."

우리는 피곤에 절어 지칠 때가 있다. 어쩔 줄 모를 때도 있다. 사력을 다하느라 녹초가 되기도 한다. 뭔가 문제가 있어서 그런 것은 아니다. 우리 주변에는 푸른 초원이 펼쳐져 있다. 할 수 있거나 성취할 수 있는 일이 너무나 많고, 돈과 명성, 권력이 여러분을 유혹한다.

그렇다면 이제 우리는 이런 질문을 던져야 한다. 지금 있는 곳에서 만족하고 자족하면서 스스로 성공을 정의하는 법을 배울 것인가? 아니면 위험 신호와 대가를 무시하고 계속 좇아서 스포트라이트 마인드셋을 선택할 것인가?

탐욕의 위험

스포트라이트 마인드셋에 사로잡혀 있을 때의 나는 몹시 지친 상태였다. 이런 식으로 삶과 일에 접근할 때 생기는 스트레스가 몸에 어떤 영향을 미칠지 끊임없이 걱정했다. 나는 의사가 아니지만 이런 스트레스로 심근경색이나 정신 건강 문제가 발생할 수 있다는 사실은 충분히 알고 있다.

이럴 때가 '득점판이 내 건강과 삶의 질을 희생할 만큼 가치가 있나?'라고 자문해야 할 때다. 다른 사람들이 이런 문제에 시달리는 모습을 봐왔고, 때로는 나도 신체적으로든 감정적으로든 조만간 무너지지 않을까 걱정하기도 했다. 우리는 겉보기에 정말 잘 지내는 듯 보일지라도 가장 중요한 문제로 고통받곤 하기 때문이다.

마이클 하이엇이 꿈에 그리던 넬슨 북스 출판사에서 본부장 직책을 맡게 됐을 때 그는 자기가 맡은 지사를 언급하며 "모든 주요 재무 지표에서 꼴찌를 달리고 있었습니다. 적자를 내고 있었고 성장하지 않았으며 팀의 사기도 형편없었죠"라고 말했다.[3] 하지만 하이엇은 열의에 차서 그 자리를 받아들였다. 그리고 하이엇은 단 18개월 만에 그 일을 해냈다. 하이엇이 약속했던 기간 중 절반밖에 흐르지 않았지만 넬슨 북스는 그냥 나아진 정도가 아니라 모기업에 속한 계열사 14개 중 정상에 올랐다. 가장 빠르게 성장했고 가장 높은 수익을 냈으며 팀 사기도 최고였다. 하이엇은 계속 승승장구할 것만 같았다. 하이엇은 지금까지 일하면서 가장 큰 액수의 보너스를 받았다. 1년 치 연봉보다도 많은 금액이었다. 자기를 줄곧 지지하고 응원해준 아내에게 빨리 보너스를 보여주고 싶어 안달이 났다. 분명히 기뻐할 것이었다. 하지만 하이엇이 아내에게 그 소식을 전했을 때 아내 얼굴에 스친 표정은 기쁨이 아니었다. 그 대신에 아내는 "얘기 좀 해"라고 말했다. 하이엇은 가슴이 철렁 내려앉았다.

아내는 눈물을 글썽이며 말했다. "내가 당신을 사랑하고, 우리 가족을 위해 애쓰는 당신에게 항상 고맙게 생각한다는 거 알 거야. 하지만 이 말은 해야겠어. 당신은 늘 집에 없어. 집에 있을 때도 마음은 다른 데 있지. 우리 딸 다섯 명에게는 지금 그 어느 때보다도 아빠가 필요해. 솔직히 말해서 애들을 혼자서 키우는 기분이야."

하이엇은 그 순간을 반성했고 나중에 "정말 큰 충격이었어요. 그때 나는 성공의 정점에 도달했다고 생각하고 있었거든요. 꿈에 그리던 일을 하면서 회사를 탈바꿈시켰죠. 이렇게 많은 돈을 벌기도 했고요. 하지만 오르고 보니 그건 가짜 정상이었어요"라고 말했다.

하이엇은 전통적인 의미의 성공을 이뤘지만 그의 가족은 보이지 않는 곳에서 희생해야 했다. 그는 '더 많이, 더 많이, 더 많이'를 추구하면서 일에서는 성공을 거뒀지만 가정에서는 실패했다. 새로운 직장을 얻기는 비교적 쉽다. 그러나 새로운 가족을 얻기는 어렵다.

이런 순간을 경험하기 전에 우리가 정의하는 성공의 의미가 바뀌어야 한다는 사실을 깨닫기를 바란다.

일과 삶의 균형

리 레피버는 '쉬운 영어로 설명하는 트위터 사용법'이라는 영상으로 자기가 설립한 회사 커먼크래프트Common Craft를 널리 알렸다.[4] 때는 소셜 미디어가 인기를 끌기 시작하던 시점인 2008년이었고, 트위터는 인기 최고의 소셜 플랫폼으로 떠오르고 있었다. 트위터 가입자 수는 점점 늘어났지만 대다수의 사람들은 트위터를 어떻게 써야할지 전혀 몰랐다. 레피버는 카메라 거치대와 오려낸 종이로 만든 시각 자료를 이용해서 트위터의 기본 원리를 설명하는 영상을 만들었다. 정말 간단하고 이해하기 쉬운 영상이어서 사람들이 그 영상을 유튜브에 공유했고, 수백만 회가 넘는 조회 수를 기록했다. 머지않아 레피버와 그의 아내이자 동업자인 사치는 트위터 설명 영상처럼 쉽게 제품과 서비스를 설명해주기를 바라는 기업들에게 전화를 받게 됐다. 커먼크래프트의 두 번째 고객은 구글이었다. 커먼크래프트는 구글의 의뢰로 만든 '쉬운 영어로 설명하는 구글 문서 도구 사용법' 영상으로 더 큰 관심을 받게 됐다.[5]

커먼크래프트는 빛의 속도로 성장했고, 두 달 만에 수요를 감당할 수 없는 지경에 이르렀다. 이 시점에 그들은 선택을 해야 했다. 사업을 키울 것인가, 아니면 소규모를 유지할 것인가? 리 레피버는 아내 사치와 함께 기업을 운영했고, 어떤 결정을 하든 두 사람의 관계를 지키는 것이 그 무엇보다도 중요했다.

리 레피버는 두 사람의 의사 결정 과정을 내게 자세히 설명했다.

우리에게는 시애틀 소재 스타트업에서 일하는 친구가 여럿 있었기에, 스타트업에 종사하는 것이 삶에 어떤 영향을 미치는지 봐왔어요. 사업에 뛰어든 수많은 사람들이 돈과 성장에 집중한 나머지 그것이 한 개인으로서 자신에게 어떤 영향을 미치는지 보지 못해요. 성과가 나타나는 지점을 지나면 계속 나아가게 되고 그러면 갇히게 되죠. 돈을 많이 벌수 있을 테니 끔찍한 함정은 아닐지 몰라도 탈출구가 없어요. 비즈니스모델 때문에, 고객의 기대나 직원이 있기 때문에 설사 사업을 그만두고 싶어도 계속 이끌어나가야 할 개인적인 책임을 지게 되죠. 근본적으로 바꾸고 싶어도 그럴 수가 없어요.[6]

레퍼버 부부는 민첩하게 움직일 수 있는 소규모 기업을 유지하기로 결정했고 얼핏 보기에 이해하기 힘든 행동에 나섰다. 바로 경쟁자들과 협력하기로 한 것이었다. 커먼크래프트를 찾는 수요가 넘쳐났으므로 그들은 커먼크래프트 설명 네트워크를 만들었다. 경쟁자의 정보를 웹사이트에 게재하는 대가로 월별 수수료를 청구했고, 웹사이트에서 잠재 고객을 추렸다. 기업 9곳이 정보를 게재해주는 대가로 매달 750달러씩을 지불했다. 계산을 해보면 소규모 기업을 유지하기로 한 결정 덕분에 매년 8만 1000달러의 추가 수익이 발생했다. 잠재 고객을 다른 기업에 돌리는 와중에도 커먼크래프트는 레고, 포드, 인텔, 드롭박스, 마이크로소프트 같은 고객을 직접 고를 수 있었다. 여기에서 주목해야 할 점은 그들이 자신에게 맞지 않는 성공을 좇는 대신에 원하는 삶의 방식을 뒷받침하는 형태로 사업을 운영하기로 결정했다는 점이다. 그들은 의도적으로 푸른 초원을 지나쳤고 일부러 드러누웠다.

드러눕는 것은 포기가 아니다. 스스로 성공을 정의하는 시크릿 소사이어티의 방식대로 살아가겠다는 선택이다. 사람들의 오해를 받게 될까? 물론이다. 비웃음을 사게 될까? 그럴 수도 있다. 다른 사람들이 여러분을 이길까? 그렇다. **하지만 여러분은 스스로 하지 않기로 결정한 게임에서 질 뿐이다.** 시크릿 소사이어티 일원은 성공이란 정상에 오르는 것이 아니라 자기가 사랑하는 삶을 만들어나가는 것임을 잘 안다.

쓰러진 뒤 회복하기

때때로 우리는 밀려 넘어진다. 자기가 스포트라이트 마인드셋에 사로잡혀 있다는 사실을 너무 늦게 알아차린다. 고창증에 걸린 양이 그렇듯이, 건강하게 삶과 일을 꾸려나갈 기회를 얻고 싶다면 도움과 개입이 필요하다.

2장에서 소개했던 내 친구 앤드루를 기억하는가? 청소년기부터 뮤지션이 되는 것이 앤드루의 꿈이었다. 하지만 그의 꿈은 서서히 그를 우울증과 절망으로 이끌었다. 그는 스포트라이트 마인드셋이라는 함정에 갇혔고, 15년이나 뮤지션 생활을 했지만 그로 인한 불안과 공황으로 결국 포기할 수밖에 없었다. 남들이 보기에는 일이 잘 풀리는 듯 보였다. 기회가 도처에 널려 있었고, 경력도 꾸준히 오름세였지만 그는 양 고창증과 같은 상황이었다.

한 계절 동안 앤드루는 음악에서 완전히 벗어났다. 상담사에게 도움을 받았고, 다시는 무대 위에 올라 사람들 앞에서 노래할 수 없을지도 모른다는 생각을 순순히 받아들였다. 그리고 서서히 돌파구를 찾아가는 경험을 하기 시작했다. 그를 괴롭혔던 스포트라이트 마인드셋이 사라지면서 불안과 공황 발작에서 회복해갔다. 그러자 기적이 일어났다. 2년간 공백을 가진 끝에 그는 조심스럽게 음악계로 복귀했다. 하지만 이번에는 새로운 관점을 가졌다. 앤드루는 스포트라이트 마인드셋이라는 함정을 발견하는 법을 배웠고 무슨 수를 쓰더라도 이를 피했다. 그는 새롭게 나아갈 길, 뮤지션으로서 한 번도 해보지 않은 방식으로 성공을 정의하는 법을 찾았다.

앤드루는 〈예리코Jericho〉라는 곡을 썼고, 라디오 관계자들에게 호평을 받았다. 팀 규모가 작은 독립 아티스트로서 앤드루 팀은 그 곡을 적절한 사람들의 손에 건넸고, 점점 더 많은 라디오 방송국들이 이 노래를 틀었다. 이 곡은 성공을 거뒀고, 2021년 2월에는 몇몇 음원 차트에서 1위를 기록했다. 음반사나 대규모 지원팀이 없는 아티스트이자 얼마 전까지 다시는 음악을 하지 않겠다는 생각까지 했던 앤드루 립의 노래가 라디오에서 1위를 기록한 것이다.

그는 인스타그램에 "여러분, 〈예리코〉가 공식적으로 1위를 기록했습니다. 제게는 기적과도 같은 일이 일어난 겁니다. 아마도 우리가 꿈을 놓으면 더 큰 꿈을 꿀 수 있는 공간이 생기는 모양입니다"라는 글을 올렸다.[7]

성공에 대한 맞춤 정의

이 책에서는 성공을 정의하는 방법으로 시크릿 소사이어티의 방식을 소개했지만, 저마다 자신에게 맞는 정의를 선택할 수 있다. 인생에는 정답이 없다. 살고 싶은 인생에 도움이 되고 옳다고 느껴지는 정의를 골라 기쁨과 만족을 가져다주는 인생과 경력에 도달할 때까지 갈고닦아야 한다.

스스로 정의한 성공의 의미에 정착하기란 매우 중요하지만 우리가 살면서 바라고 가치를 부여하는 대상을 구체적으로 나열하기는 어려울 수 있다.

내가 가치를 부여하는 대상, 즉 내가 성공을 정의하는 방식은 그레첸 루빈Gretchen Rubin이 쓴 『무조건 행복할 것』에서 발견한 '어른의 비밀'이라는 목록을 작성하다가 나왔다.[8]

『무조건 행복할 것』을 읽을 당시는 딸이 태어난 지 몇 달밖에 지나지 않았을 때였고, 딸이 내 품에서 자는 동안 휴대전화 노트 앱에 비밀 목록을 하나씩 입력해나갔다. 재미로 시작했던 목록이 언젠가 내 아이들에게 가르쳐주고 싶은 묵직한 목록으로 발전했다.

- 죄책감을 주지말고 너그러움을 보여주자.
- 일을 잘 해내면 나머지는 저절로 이뤄진다.
- 감사가 원한보다 낫다.
- 감정 소모가 심한 상황을 멀리하자.
- 아침에 아치 셈플Archie Semple*스코틀랜드 출신의 재즈 뮤지션이나 베니 굿먼Benny Goodman*미국의 스윙 재즈 뮤지션의 재즈를 듣자. 온종일 즐거운 기분을 느낄 수 있다.
- 보이지 않는 곳에서 일하는 사람들을 격려하기 위해 발 벗고 나서자.
- 소방관의 태도로 살자. 문제를 향해 달려가자.
- 신에게 도와달라고 청하자. 혼자 해결하려고 하지 말자.
- 꿈이 있다면 그 꿈을 좇고, 비관론자들에게 휘둘리지 말자.
- 빚을 지지 말자.

- 지금 발 딛고 있는 곳에 집중하자.
- 뭔가를 하거나 사려고 할 때 의도를 확인하자.
- 평생 학습자가 되자. 책을 읽고, 팟캐스트를 듣고, 가고 싶은 곳에 가본 사람들과 시간을 보내고, 호기심에 충실하자.
- 결과가 아니라 과정에 초점을 맞추자.
- 이기는 것은 좋지만 관계를 희생하면서까지 이기는 데 집착하지 말자.
- 속마음을 털어놓을 수 있는 친구 몇 명을 사귀자.
- 때때로 뒤통수를 맞더라도 일단 다른 사람을 믿도록 하자.
- 자신에게 여유를 주자. 녹초가 되면 바람직한 나 자신이 될 수 없다.

내가 작성한 목록을 다시 읽으면서 내가 가치를 두는 대상과 그렇지 않은 대상이 더욱 분명해졌다. 내가 가치를 두는 대상이 내가 성공을 정의하는 지표였다.

작성한 목록에서 내가 단 한 번도 '돈을 많이 벌자'라고 쓴 적이 없다는 사실이 흥미로웠다. 돈을 많이 벌겠다는 생각이 문제라고 여기지 않지만 내 경우에는 돈으로 동기부여가 된 적이 없다. 내게 성공이란 은행계좌 잔고와 크게 상관이 없다. 비밀 목록을 보면서 나는 다음과 같은 사실도 깨달았다.

- 관계를 소중하게 여기는 점. 여기서 관계란 오랜 시간(어떤 때는

수십 년)에 걸쳐 공들여 키워야 한다는 사실.

- 다른 사람들에게 기쁨과 긍정을 전달하는 능력이 있다는 점.
- 훌륭한 일은 동경을 얻기 위해서 하는 것이 아닌, 모든 일의 기준으로 삼아서 해야 한다는 점.
- 힘든 시기는 누구에게나 오기 마련이지만 난관을 받아들이고 모든 상황에 감사하는 마음으로 대응하는 것이 중요하다는 점.

리 레퍼버에게 성공이란 맡은 프로젝트 건수를 제한하고 나머지를 경쟁자들에게 돌려 고객들에게 질 높은 서비스를 제공하는 것이었다. 사람을 더 많이 고용해서 직원 수를 늘려나가는 것이 아니었다. 앤드루 립에게 성공이란 꿈꾸던 일에서 한 걸음 떨어져 도움을 받고, 뮤지션으로서 성공의 새로운 의미를 찾는 법을 배우는 것이었다. 마이클 하이엇은 아내와 애정 어린 대화를 나누고 나서야 성공이 업무 중에 달성한 성과에 국한되지 않는다는 점을 깨달았다.

때때로 우리는 직장 생활이 나머지 삶과 완전히 별개이며, 과로하면서까지 세상과 맞붙어도 우리 관계나 업무 외의 관심사에 아무런 영향을 미치지 않는다고 믿는다. 하지만 이번 장과 이 책 전체에 걸쳐 살펴봤듯이 실제로는 전혀 그렇지 않다.

푸른 초원을 걸으며

많은 사람이 추구하는 성취는 결코 얻으려고 애쓸 때 찾아오지 않는다. 문화가 우리에게 강요하는 달성하기 힘든 목표는 영원히 우리 손이 닿지 않는 곳에 있을 것이다. 어떤 사람들은 미국이 항상 '아직 멀었다'라고 생각하는 사람들의 나라라고 말한다. 어떻게 가고 싶은 지는 우리 선택에 달려 있다.

살아가고 일하면서 느끼는 만족감은 성공을 스스로 정의할 때 찾아온다. **"나는 이런 삶을 원해요"라고 밝히고 "행복하기 위해서 '그것'이 필요하지는 않아요"라고 용기 있게 말할 수 있을 때 찾아오는 것이다.**

주변에 있는 모든 것을 손에 넣고, 가지고, 추구하고, 얻으려고 애쓸 기회가 도처에 깔린 푸른 초원을 걸을 때, 우리는 스스로 누울 것인가(성공을 스스로 정의) 아니면 밀려 넘어질 것인가(스포트라이트 마인드셋으로 인한 실패 경험)? 스스로 눕는 편이 밀려 넘어지는 것보다 훨씬 덜 아프다.

우리는 성공을 스스로 정의해야 하고, 정의한 방식에 따라 매일 매일 살아가야 한다.

12장

어떤 마지막을 기대하는가?

여러분 중에서 정말로 행복해질 사람은

오직 봉사하는 방법을 찾고 발견한

사람들뿐입니다.

✦

알베르트 슈바이처
ALBERT SCHWEITZER

텔레비전 드라마를 촬영하고 편집하는 과정에서 마지막 순간에 대사와 장면이 잘려나가거나 그 위치를 옮기는 일은 흔하다. 드라마 제작이란 끊임없이 변하는 프로젝트이고, 배우에게 주어진 대사와 출연 분량이 아무런 사전 통보 없이 바뀌는 경우도 드물지 않다.

배우 입장에서 생각해보면 이런 관행은 무척 속 터지는 일이다. 하지만 드라마 전체가 성공하려면 이는 꼭 필요한 과정이다. 드라마를 제작하는 궁극적인 목표는 시청자가 극을 보는 내내 몰입하고 재미를 느끼는 것이고, 드라마 총괄 책임자는 매번 최선의 회차를 만들기 위해 필요한 모든 일을 해야 한다.

앨런 하인버그는 〈그레이 아나토미〉, 〈섹스 앤 더 시티〉, 〈길모어

걸스〉 등으로 유명한 극작가 겸 제작 책임자다. 그는 주로 현장에서 장면 배치나 대사 변경을 결정하는 사람이다.

하인버그가 이런 힘겨운 결정을 내리면 배우들이 충격에 빠지는 때가 있었다. 배우들은 "잠깐만요. 어제는 대사가 많았는데 지금은 없어졌어요"라고 항의하곤 했다. 그들은 대사나 장면이 변경되면 저의가 있다고 느낀다. 그래서 이런 결정을 받아들이지 않고 대사를 되찾으려고 시간을 보낸다. 안전을 위협받고 있다고 느끼는 상황에서 보이는 아주 정상적이고 무척 인간다운 반응이다. 하지만 배우가 이런 식으로 나오면 제작 과정에 급브레이크가 걸린다. 하인버그는 편집이나 극본 집필에 써야 할 에너지를 배우의 서운한 감정을 풀어주는 데 써야 한다.

하인버그는 이렇게 토로했다. "정말이지 배우들이 '저는 이 현장에 있는 것만으로 행복합니다. 원하시는 대로 절 활용하세요'라고 말해줬으면 좋겠어요."[1]

하지만 이렇게 봉사하기란 무척 어려운 일이다. 동시에 삶과 일에서 보람을 얻는 비결이기도 하다. 또한 이것이야말로 우리가 정말로 추구하는 성공으로 가는 길이다.

성공이란 봉사하는 것

봉사란 무엇일까? 사람들은 봉사라고 하면 접대받는 장면을 떠올린다. 나는 식당에서 손님에게 음식을 차려내는 종업원들이 생각난다. 그들은 손님을 접대하고, 고객들에게 원하는 서비스를 제공하고, 고객에게 무엇이 필요한지 예측하는 일을 한다. 주차 서비스 요원이나 건물 관리인, 세차장 직원을 떠올리는 사람도 있을 것이다.

하지만 봉사의 범위는 돈을 받고 하는 업무보다 훨씬 넓다. 봉사란 시크릿 소사이어티 사람들이 어떤 일을 할 때 동기를 부여하는 마음가짐, 접근 방법이라고 생각한다. 봉사란 세상을 바라보는 방식이자 "어떻게 하면 여기에 가치를 더할 수 있을까?" 혹은 "어떻게 하면 사람들의 삶을 더 수월하게 만들 수 있을까?"라고 묻는 자세다. 봉사하는 마음가짐을 가질 때 누가 가장 중요한 사람인지 파악하려고 하지 않는다(자기가 가장 중요한 사람이기를 바라지도 않는다). 그저 기여할 방법을 찾는다. 충족해야 할 필요를 찾고 자기가 그 필요를 충족할 수 있을지 고민한다.

10년 전만 해도 나는 성공한 사람을 묘사할 때 '봉사'라는 단어를 쓰지 않았다. 우리는 모든 것을 다 가진 사람들을 성공했다고 말한다. 그들은 테이블에서 가장 상석에 앉는다. 원하고 바라는 모든 것을 해결해줄 비서와 직원을 거느린다. 10년 전이었다면 정상에 오르면 쉽고 편안하게 살 수 있다고 말했을 것이다. 그러니 우리 모두가 정상에 오르기를 열망해야 한다고 말했을 것이다. 적어도 예전에는 그렇게 생각했다. 하지만 시크릿 소사이어티의 방식을 배운 이후로 나는 생각을 바꿨다. 이 책에서 소개한 사람들의 이야기를 읽은 여러분도 같은 결론, 그러니까 성공을 정의하는 다른 방식이 있다는 결론에 도달하길 바란다.

우리가 이 자리에 있는 이유가 출세가 아니라면 어떨까? 이기는 것이 목표가 아니라면? 성공이 돈이나 명성, 권력을 손에 넣는 것이 아니라 남들에게 봉사하는 것이라면? 만약 우리가 지도자 직위를 더 많은 사람에게 봉사하는 기회로 본다면 어떨까?

여러분에게 시크릿 소사이어티의 멤버들, 보통 사람들이 생각하는 성공의 의미를 근본적으로 바꾼 사람들을 몇 명 더 소개하려고 한다. 이들은 봉사에서 성공의 의미를 찾았다.

"집으로 데려와"

농구를 좋아하는 사람이라면 〈인사이드 NBAInside the NBA〉를 진행하는 어니 존슨을 알 것이다. 존슨은 농구 방송으로 여러 차례 상을 받은 유명한 스포츠 방송 진행자다. 누가 봐도 존슨은 업계에서 정상에 올랐다. 그는 실제로나 은유적으로나 스포트라이트를 받는다. 하지만 존슨은 봉사하는 사고방식을 실천한다는 점에서 남다르다. 그의 가정생활을 들여다보면 확실해진다.

존슨의 삶이 더할 나위 없이 성공 가도를 달리던 때였다. 건강한 두 아이(아들과 딸)와 사랑하는 아내, 멋진 직업이 있었다. 무엇 하나 부족하지 않았다.

그러던 1991년 어느 날 저녁에 존슨이 집으로 돌아오자 아내 셰릴이 "우리가 뭘 해야 하는지 알아?"라고 물었다.

존슨은 "닭고기와 생선 중에 고르라고? 오늘은 둘 다 좋아"라고 대답했다.

셰릴은 "그게 아니라 우리가 해야 할 일이 있어. 루마니아에 가서 한 아이를 입양해야겠어. ABC 뉴스를 봤는데 아이들이 정말 힘들게 살고 있더라. 뭔가 이상이나 선천적 결함이 있는 아이들인데 창고 같은 곳에서 지내더라고"라고 말했다.

두 사람은 진지하게 입양을 고려했다. 얼마 후 셰릴은 두 아이를 존슨에게 맡기고 루마니아로 가는 비행기를 탔다. 보육원에 도착하자 세 살배기 소년을 안은 한 여성이 셰릴을 맞았다. 그는 아이를 셰릴에게 보이며 서투른 영어로 "데려가지 마세요. 아이가 좋지 않아요"라고 말했다.

그날 밤에 셰릴은 존슨에게 전화를 걸어 그날 있었던 일을 이야기했다. 셰릴은 "우리가 그 아이를 감당하기는 벅차겠지만, 보육원에 있는 그 금발 아이에게 어떤 일이 일어났는지 신경 쓰면서 남은 평생을 살아갈 수 있을지 잘 모르겠어"라고 말했다. 전화를 받던 존슨은 담담히 말했다. "집으로 데려와."

그들은 입양 절차를 마무리하고 이제 아들이 된 마이클을 애틀랜타 자택으로 데려왔다. 첫 해는 특히 힘들었다. 마이클이 온갖 질병으로 치료를 받았기 때문이었다. 그러던 어느 날 한 의사가 "아드님은 근이영양증을 앓고 있습니다"라고 말했다. 근이영양증이란 근육이 성장하는 대신 퇴화하는 불치병이다. 근이영양증이 발생하면 청소년기를 넘기기 어렵다. 하지만 존슨 부부는 고민하느라 시간을 낭비하지 않았다. 그들은 아이에게 도움이 필요하다는 것을 알았고 돌봐야겠다고 결심했다.

존슨 부부는 매일 마이클을 돌보면서 식사부터 옷 입기, 화장실 용무까지 도왔다. 마이클을 입양하기로 한 결정은 두 사람의 인생을 바꿔놓았고, 근이영양증을 앓는 아이를 키우는 데 따르는 온갖 난관이 있었다. 그렇지만 존슨은 굳건했다. "단 한순간도 후회하지 않았습니다. 그냥 '좋아, 우리가 이걸 감당해야 한다고? 그러지 뭐'라고 생각했어요."[2]

존슨 부부는 성공한 삶의 모습을 다시 정의했다. 마이클은 청소년기를 넘기지 못할 수도 있다는 진단을 받았지만 두 사람이 지극정성과 사랑으로 보살핀 덕분에 33년 동안 기적 같은 삶을 살았다. 여기에 그치지 않고 존슨 부부는 세 명의 아이를 더 입양했다. 성공은 곧 봉사임을 앞장서 보여주면서 남들이 더 행복해질 수 있도록 헌신했다.

2003년에 존슨은 비호지킨 림프종 진단을 받았다.[3] 그는 암과 싸워서 이겼고, 지금은 암과 싸우는 다른 사람들을 돕기 위해 자기가 할 수 있는 모든 일을 하겠다고 다짐했다.

암을 극복한 사람에게는 다른 환자가 암을 극복하도록 도울 책임이 따른다고 생각합니다. 나는 직접 만난 적이 없는 사람과 통화할 때가 정말 많습니다. 친구가 "내 친구가 곧 항암치료를 시작한대"라고 말하면 나는 곧바로 이야기해요. "그 친구 전화번호 알려줘. 이야기 좀 하게." 그렇게 전화를 걸면 내가 검사를 받는 동안 들었던 얘기를 전해요. 당신이 암에 걸렸을지는 몰라도 암에 지지는 않았다고.[4]

어니 존슨이 스토리브랜드 팟캐스트에 나왔을 때 우리는 "특별하게 살고 싶다면 매일 무엇에 유념해야 할까요?"라고 물었다. 이 질문에 대한 존슨의 대답을 들으면 그가 어떻게 살았는지 알 수 있다. "다른 사람들이요. 다른 사람들을 유념해야 합니다… 나는 봉사하고 싶어요. '이봐, 난 텔레비전에 나오는 사람이야. 날 위해 뭘 해줄래?'라는 식으로 살고 싶진 않아요. 아침에 일어나 마이클을 돌보고 집을 나서면 신경을 곤두세웁니다. 자신을 알아봐주고 말을 걸어주길 원하는 사람들을 알아봐야 하니까요."[5]

존슨은 식당 종업원도 아니고 접객업에 종사하지도 않는다. 하지만 그는 매일을 봉사하는 태도로 살아간다. 어떤 일을 하든 "어떻게 하면 다른 사람들을 도울 수 있을까?"라는 태도로 임한다. 어니 존슨이라는 사람을 논할 때 봉사는 너무나 중요해서 그 마음가짐을 따로 떼어놓고 그의 성공이나 행복을 설명하기는 어렵다.

봉사하는 문화 만들기

봉사하는 마음가짐은 전염성이 있다. 모든 팀과 조직이 이 새로운 마음가짐을 받아들인다면 수준 높은 문화가 나타나기 시작할 것이다. 시크릿 소사이어티의 방식을 실천하기 시작할 때, 우리는 자기 자신의 마음가짐을 바꿀 뿐만 아니라 다른 사람들도 이런 마음가짐을 가지도록 돕게 될 것이다.

포드 자동차의 CEO였던 앨런 멀럴리는 봉사에 초점을 맞춰 회사를 반전시켰다. 2006년 포드가 멀럴리를 영입했을 때 '회사는 103년 역사상 최대 연간 손실인 127억 달러를 기록'했다.[6] 이후 멀럴리가 경영을 맡으면서 2009년부터 연속으로 흑자를 기록했다. 정말 대단한 변화다!

이런 엄청난 변화의 비결은 무엇이었을까? 모든 직원을 참여시켜 모두가 한 팀이라고 인식하도록 이끌고 협력하고 봉사하는 문화를 조성한 것이다. 이런 태도는 위에서부터 시작한다. 멀럴리는 본인의 리더십 관점을 이렇게 요약한다.

가장 근본적인 수준에서 말하자면 봉사하게 되어 영광이죠. 조직의 유형이나 규모, 영리 목적 여부와 관계없이 조직을 이끄는 특권을 누리게 된다면 말이에요. 봉사하게 되어 영광입니다. 그 기반에서 시작해서 설득력 있는 비전과 포괄적인 계획을 제시할 수 있어야 합니다. 언제나 앞으로 나아갈 길이 있다는 생각을 전달하는 긍정적인 리더십이 대단히 중요합니다. 그것이 지도자가 존재하는 목적이니까요. 조직을 앞으로 이끌어나갈 방법을 찾아내야 하죠. 그렇게 하려면 모두가 하나라는 생각을 강화해야 합니다. 모두가 팀의 일원이고 모두의 기여를 존중해야 합니다. 사람들이 책임감과 소속감을 느낄 때 더욱 재미있습니다. 지원을 아끼지 않는 환경에서 일할 때 한층 더 큰 보람을 느낄 수 있어요.[7]

직원들이 혼자라고 느끼거나 혼자서 문제를 해결해야 한다는 압박감을 느껴서는 안 된다. 멀럴리는 리더십을 직원들에게 권한을 부여하고, 그들이 맡은 바 임무를 수행할 수 있도록 돕고, 사실상 전체 팀이 제 기능을 다하도록 돕는 책임으로 본다. 그는 '시키는 대로 하기 싫으면 그만둬라'라는 식의 태도 대신에 봉사에 대한 신념으로 조직을 바꾸고 흑자를 냈다.

가정용품 기업 홈디포The Home Depot의 경영 리더십은 멀럴리가 포드 자동차에서 보였던 리더십을 잘 반영한다. 홈디포는 창립 당시부터 "고객과 직원들을 우선시하면 나머지는 알아서 할 것"이라는 기업 철학을 잘 보여주는 역삼각형 도표를 사용한다.[8] 맨 밑(역삼각형의 꼭짓점)에 CEO가 있고 그 위에 기업 지원, 그다음에 현장 지원, 그 위에 일선 직원, 꼭대기에 고객이 있다. 각 층이 다음 층에게 지원하고 봉사한다. 홈디포는 가장 높은 자리에 있는 지도자에게 봉사하는 구조가 아니라 삼각형을 뒤집어 고객을 꼭대기에 놓았다. 이런 기업 정신이 홈디포를 성공으로 이끌었다.

훌륭한 지도자는 위에서 군림하는 대신 가장 낮은 자리에서 다른 모든 이들을 뒷받침하는 역할을 자처한다. 건전한 기업 문화를 이끄는 지도자들은 기꺼이 다른 사람들을 위해 봉사한다. 이것이 시크릿 소사이어티의 방식이다.

우리가 회사와 팀 문화를 바꿀 수 있다면 무엇을 이룰 수 있을지 생각해보자. 그런 마음가짐 변화가 여러분과 함께 일하고 여러분의 브랜드와 소통하는 모든 사람에게 어떤 영향을 미칠지 생각해보자. 출근할 때마다 다른 사람들의 성공을 돕고 싶어서 안달인 자신을 발견하게 될지도 모른다.

할리우드에서 봉사를 논한다고?

앨런 하인버그가 어떻게 텔레비전 드라마 작가와 제작자로서 지금 위치에 올랐는지 궁금한 사람도 있을 것이다. 하인버그는 어릴 때부터 배우였고, 많은 배우가 그러하듯이 브로드웨이에 진출하겠다는 포부를 갖고 있었다. 하인버그는 스물네 살에 극작가 닐 사이먼이 쓴 브로드웨이 연극 〈23층의 웃음소리Laughter on the 23rd Floor〉에 참여하면서 꿈을 이뤘다.

하지만 하인버그가 겪은 현장은 기대와 달랐다. "일단 브로드웨이에 진출해서 연극에 참여하면 성공했다고 생각하게 되잖아요. 하지만 그곳에서 많은 사람, 심지어 연극 주인공들조차 얼마나 불행한지 봤고, 이 일을 해서는 행복할 수 없을 것이라고 생각했습니다."[9]

하인버그는 대학에서 희곡을 쓰기 시작했지만 여전히 노래와 연기를 계속하고 싶었다. 뉴욕에 와서 브로드웨이 연극에 출연하면서도 극작가 지망생 생활을 하고 있었다. 그러다가 그가 쓴 희곡 중 한 편을 소극장에서 제작하기로 결정했다. 그때 하인버그는 낮에는 자기가 쓴 연극의 리허설을 하고 밤에는 브로드웨이에서 배우로 연기를 했다. 그 경험 덕분에 그는 배우 일과 다른 배우들이 연기하게 될 극본을 쓰는 창작자 일이 어떻게 다른지 직접 비교할 수 있었다.

하인버그는 "브로드웨이 무대에 서도 연기하면서 얻는 기쁨에는 한계가 있었습니다"라고 말했다. 그래서 그는 작가로서 느끼는 열정을 따르기로 결심했다. 곧 그는 인기 시나리오 작가가 됐다. 브로드웨이 배우로 일할 때도 종종 유혹이 있었지만 작가로 성공한 뒤에도 그에게는 '자기중심적으로 살아갈' 수많은 기회가 따랐다.

하인버그는 "자기중심적인 작가들이 너무 많아요. 배우, 제작진, 언론에 대고 '나 말고는 이 일을 어떻게 해야 하는지 아는 사람이 없어'라고 말하죠"라고 말했다. 하지만 그는 프로젝트에 접근할 때 어떻게 하면 모두의 이익에 잘 맞춰서 봉사할 수 있을지 생각한다.

물론 그가 봉사라는 단어를 꺼내면 주변 사람들은 모두 그를 우습게 쳐다보지만 이렇게 진정으로 봉사하려는 자세 덕분에 하인버그는 할리우드 업계에서 입지를 굳힐 수 있었다.[10] 뛰어난 글재주에 그런 자세가 더해져 더없이 좋은 기회를 얻었다. 하인버그는 장편 영화 〈원더우먼〉의 각본을 써달라는 요청을 받았다. DC 코믹스*워너브라더스 소속 만화 전문 출판사 캐릭터인 원더우먼을 정말 좋아했던 그에게 이는 평생의 영광과도 같은 일이었다.

하인버그는 프로젝트에 참여할 때마다 봉사하는 데 초점을 맞추기 때문에 사람들은 그와 함께 일할 기회가 생기면 선뜻 달려든다. 그는 자존심에 집착하지 않는다. 관심을 요구하는 사람도 아니다. 훌륭한 작품을 만드는 데 집중한다. 그렇기 때문에 그는 여기저기에서 관심을 끌고, 그런 관심을 겸손과 감사의 자세로 받아들인다.

하인버그처럼 "내가 여기에서 봉사할 수 있는 방법이 있을까?"라고 스스로에게 물어보자.

혼자 하는 것이 정답은 아니다

이런 새로운 마음가짐, 즉 시크릿 소사이어티의 방식으로 빠르게 전환한다면 성공은 이미 여러분의 품 안에 있다.

- '더 많은 것'을 추구할 기회를 찾기보다 가장 잘 봉사할 수 있는 기회를 찾는다.
- 팀에서 여러분이 맡고 있는 일이나 역할에 대해 불안해하는 대신 일할 생각에 신나서 잠에서 깨고 자신이 기여하는 바에 자신감을 가지게 된다.
- 진심으로 조력한다.
- "나는 누구를 위해 여기에 있을까?"라고 묻고 다른 사람들을 위해 문제를 해결하면서 이 세상에 의미 있는 영향력을 미치게

된다.

- 일 자체에서 보람을 찾는다.
- 자신이 정의한 성공의 의미에 따라 살아가면서 일과 삶을 다시 즐긴다.

알베르트 슈바이처가 한 말이 있다. "여러분의 운명이 어떻게 될지는 모릅니다. 주목할 만한 지위에 오르는 분들도 있겠죠. 글을 쓰거나 예술가로 이름을 떨칠 분도 있을 겁니다. 하지만 한 가지는 확실합니다. 여러분 중에서 정말로 행복해질 사람은 오직 봉사하는 방법을 찾고 발견한 사람들뿐이라는 사실입니다."[11] 남들 기준으로 보기에 성공하고도 불행하다고 느끼는 것이 아닌 본인의 기준에서 성공하고 행복하면 된다. 시크릿 소사이어티는 이를 알아냈다. 이것이 가장 중요한 성공이다.

이 책을 쓰는 동안 나는 내 인생에서 가장 힘겨운 상황에 직면했다. 그 순간 비참했으며, 무력하다고 느낀 적도 있었다. 하지만 시크릿 소사이어티의 도구들을 발견하면서 나는 위기에 처할 때마다 그 도구들을 적용하기 시작했다. 이 도구들을 사다리로 사용해 다시 건강한 마음가짐으로 돌아갈 수 있었다.

이 책에서 소개한 내용을 잘 정리해서 이제 마음대로 쓸 수 있는 도구들(사다리)에 익숙해지도록 하자. 하지만 이런 사다리만으로는 그 효과에 한계가 있을 때도 있다. 온갖 비결로 마음을 다스려도 가끔은 구멍에 빠진 듯한 기분이 들 수 있다. 그럴 때 바로 "어떻게 하면 더 빨리 위기에서 빠져나오는 법을 배울 수 있을까?"라는 의문이 들게 된다.

그 해답은 물건이 아니라 사람이다. 친구나 멘토, 시크릿 소사이어티, 종교가 그 해답이 될 수 있다. **혼자서는 해낼 수 없다는 사실을 깨달은 이후로 나는 이 모두에게서 도움을 얻고 있다.**

친한 친구가 내게 "내가 정말 괜찮을 때는 단독으로 움직이지 않아. 오히려 상태가 최악일 때 혼자 틀어박혀 인생을 헤쳐 나가려고 굴지. 도움과 지원이 필요하다고 인정하는 것이야말로 겸손하고 현명한 태도야"라고 말했다.

구멍, 즉 빠졌을 때는 도와줄 사람이 필요하다. 우리가 위기에 빠졌을 때 '그들'이 우리에게 사다리를 건네주는 사람이다.

처음에는 사다리가 길어 보였고, 구멍에서 빠져나오기까지 상당한 시간이 걸리곤 했다. 하지만 나를 밖으로 안내할 도구와 빠져나오는 동안 도와줄 친구들이 있으니 더 빨리 오르는 법을 배우고 있다. 전에는 빠져나오기까지 며칠이나 몇 주가 걸렸던 구멍을 요즘에는 몇 분 만에 빠져나올 수 있다. 관심과 인정을 바라는 불건전한 욕망이나 불안과 불만이 엄습하는 기색을 느낄 때 그 구멍 밖으로 나오는 길이 있다는 사실을 잊지 말자. 스스로 수월하고 편안하게 느껴질 때까지 소개한 도구들을 꽉 쥐고 잘 활용했으면 좋겠다. 봉사하는 삶이 주는 만족과 보람을 경험하고, 스포트라이트 마인드셋에 맞서 싸우기를 바란다. **다른 사람들에게 사다리를 건네고 꼭대기까지 오르도록 격려하는 사람이 되자.**

| 부록 |

삶을 바꾸는 열두 가지 도구들

여러분에게 스포트라이트 마인드셋을 극복할 수 있는 간단한 3단계 과정을 알려주고 싶다. 그 3단계를 따라 하고 나면 다시는 스포트라이트 마인드셋에 시달리는 일이 없을 것이라고 이야기해주고 싶다.

그러나 이미 다들 알겠지만 스포트라이트 마인드셋은 해결해야 할 문제가 아니라 관리해야 할 긴장감이다. 어느 날 갑자기 잠에서 깨어 "내가 해냈어요. 더는 관심과 인정을 받으려는 불건전한 욕망에 시달리지 않아요. 스포트라이트 마인드셋 증상은 어떠냐고요? 이제 그런 증상은 내 삶에서 사라졌어요. 만반의 준비가 끝났어요"라고 말하는 일은 없을 것이다.

이런 말을 하기는 싫지만 그런 일은 일어나지 않는다. 사실 우리는 스포트라이트 마인드셋과 시크릿 소사이어티 사이를 계속 오가게 될 것이다. 스포트라이트 마인드셋을 극복하는 것은 단 한 번에

끝낼 수 있는 과제가 아니라 시간이 흐르면서 점점 더 발전하는 과정이다.

내가 위기에 빠질 때, 즉 스포트라이트 마인드셋에 사로잡힐 때면 시크릿 소사이어티에서 배운 도구와 마음가짐을 이용해 난관을 극복한다. 나는 마음 자세를 수련해서 '건강한 상태를 유지'하고 위기에 빠졌을 때 재빨리 빠져나올 수 있도록 항상 노력하고 있다.

내 친구 콜라 캘러핸은 요가 강사다. 그에게 규칙적으로 요가를 하던 수강생들이 요가를 그만두면 어떤 일이 일어나는지 물어본 적이 있다.

그는 먼저 체력, 지구력, 기동성, 유연성 같은 신체 능력이 줄어들고, 그다음으로 정신 능력이 저하된다고 말했다. 이 말을 들었을 때 귀가 쫑긋 섰다.

> 요가 자세든, 직장이나 사생활이든 힘에 부치는 일을 겪을 때든 짜증을 내고 불안한 모습을 보여. 하지만 요가 수련을 열심히 할수록, 힘에 부치는 일을 만났을 때 그냥 망가지는 대신 기꺼이 부딪칠 수 있게 돼. 요가 수련에 따르는 불편함과 난관을 기꺼이 받아들이면서 삶의 다른 영역에서 마주치는 난관에도 기꺼이 맞서 싸우게 되는 거지.[1]

우리가 시크릿 소사이어티의 방식을 받아들일 때 추구하는 목표 역시 잠재의식에서 즉시 시크릿 소사이어티의 방식으로 반응하는 경지에 오르는 것이다.

우리 모두가 이런 수련에 참여할 기회를 잡을 수 있다. 그러므로 그런 도구를 이용해 도움을 얻을 수 있도록 언제든지 사용할 수 있게 익숙해져야 한다. 이 뒤에 '시크릿 소사이어티의 방식'을 쉽게 참고할 수 있도록 도구 목록을 정리해두었다. 재빨리 되새기고 싶을 때마다 참고하기 바란다.

이 책을 읽으면서 알게 된 모든 지식을 잘 파악해두면 여러분은 더 건전하게 생각하고, 기민하게 남들에게 봉사할 수 있으며 스스로 성공을 정의하는 습관을 들일 수 있게 될 것이다. 이뿐만 아니라 난관에 직면했을 때도 잠재의식에서 즉시 시크릿 소사이어티의 방식으로 대응하게 될 것이다.

여러분은 이런 도구를 계속해서 사용할 수 있다. 돈을 주고 살 필요도 없다. 굳이 어디를 가야 얻을 수 있는 것도 아니다. 이미 여러분의 것이다. 여러분은 일과 삶을 다시 즐기기는 데 필요한 모든 것을 이미 갖고 있다.

패러다임 전환

	스포트라이트 마인드셋	시크릿 소사이어티의 방식
1장 먼저 성공에 도착한 사람들	사람들이 성공했다고 말하는 사람이 되어야 한다.	자랑할 만한 기회가 생기지 않더라도 맡은 역할을 훌륭하게 수행한다.
2장 길을 잃게 하는 길이 있다	돈과 명성, 권력을 추구하는 것만이 삶과 일에서 성공하는 유일한 방법이라고 생각한다.	관심과 인정을 바라는 불건전한 욕망은 불안과 불만, 불행으로 가는 길임을 잘 알고 있다.
3장 질문에 답할 수 없다면 보여주면 된다	남들을 짓밟더라도 나 자신의 성공에 초점을 맞춘다.	개인의 성장보다 타인과의 동반 성장을 우선한다.
4장 휘둘리지 않는 사람들의 비밀	문화가 정한 득점판 목록에서 높은 순위에 올라야 한다. 사회 위계질서에서 차지하는 위치가 생각과 행동을 좌우한다.	인생은 제로섬 게임이 아니라는 사실을 인지한다. 경쟁보다 협력을 중시하고, 아무도 짓밟지 않아도 이길 수 있다고 믿는다.
5장 인정이란 무엇인가?	가치란 인정에 달려 있으므로 무대에 올라 남의 눈에 띄고 인정받기 위해서라면 무엇이든 할 것이다.	남들에게 인정받지 못한다고 하더라도 항상 다른 사람들을 인정한다. 자신의 가치와 주목 여부를 연결해서 판단하지 않는다.
6장 한 번에 한 인생씩	어떤 형태이든 무대나 플랫폼이 필요하다.	서 있는 곳이 아니라 자기 자신이 영향을 미치는 사람들을 기준으로 스스로를 판단한다. 한 번에 한 인생씩 돕는다.

	스포트라이트 마인드셋	시크릿 소사이어티의 방식
7장 **문제로 여기는** **순간, 진짜** **문제가 된다**	끊임없이 '나한테 무슨 이득이 되지?'라고 생각하면서 내 문제를 해결해줄 사람을 찾는다.	'내가 다른 사람을 위해 어떤 문제를 해결할 수 있을까?'라고 자문하면서 다른 사람들의 문제를 해결할 방법을 찾는다.
8장 **핵심에** **집중하라**	특정한 모습의 성공, 즉 최종 결과에만 집착한다.	과정에 초점을 맞추고 결과에 승복하다 보면 성과는 저절로 따라온다는 사실을 배웠다.
9장 **지나온 시간이** **실패는 아니다**	성공이란 정상을 향해 꾸준히 올라가는 과정이라고 믿는다. 문제를 피하거나 무시해야 한다.	성공이란 승승장구나 보장이 아니라 난관을 받아들이고 실패에서 배우면서 발견하는 것이라고 믿는다.
10장 **삶의 무기가** **되는 신경 끄기**	내가 한 일에 대한 공로를 인정받아야 한다.	누가 공로를 차지하든지 상관하지 않는다.
11장 **적절한 시기는** **오는 것이** **아니라 만드는** **것이다**	아무리 가져도 충분한 것 같지 않고, 그러다 보니 계속해서 추구하고 고군분투하게 된다. 배부름을 느끼지 못하는 양처럼 될 위험에 처해 있다.	스스로 성공을 정의하는 법을 배웠고 그 안에서 만족을 찾았다. 건강과 관계를 지키기 위해서라면 기꺼이 푸른 초원에 누울 수 있다.
12장 **어떤 마지막을** **기대하는가?**	자기 자신에게 봉사하는 것이 앞서 나가고 살면서 원하는 모든 것을 손에 넣는 방법이라고 믿는다.	남들에게 봉사하며, 봉사한 결과로 삶과 일에서 의미와 기쁨, 보람을 발견한다.

주
---

1. "Achieving Fame, Wealth, and Beauty Are Psychological Dead Ends, Study Says," University of Rochester, May 14, 2009, http://www.rochester.edu/news/show. php?id=3377.

2. Louise Story, "Anywhere the Eye Can See, It's Likely to See an Ad," *New York Times*, January 15, 2007,https://www.nytimes.com/2007/01/15/business/media/15everywhere. html.

3. Donald Miller, *Building a StoryBrand: Clarify Your Message So Customers Will Listen* (New York: HarperCollins Leadership, 2017), 9.

4. Brad Montague, conversation with author, July 31, 2019.

1. J. R. Moehringer, *Sutton* (New York: Hyperion, 2012), 33.

2. Marina Koren, "Michael Collins Liked His Alone Time," *Atlantic*, July 18, 2019, https://www.theatlantic.com/science/archive/2019/07/michael- collins- moon- landing-apollo-11/594238/.

3. Rick Dandes, "Collins 'Perfectly Happy' with His Role in Apollo 11 Mission," *Salem News*, July 20, 2019, https://www.salemnews.com/news/collins-perfectly-happy-with-his-role-in-apollo-11-mission/article_3d4ef2a1-33fe-5a86-8f09-f08219ad9814.html.

4. James Higa described his job at Apple Inc. as "special ops" on his LinkedIn profile. Accessed October 22, 2021, https://www.linkedin.com/in/jameshiga/.

5. "Biography," Viola Spolin (official website), accessed October 22, 2021, https://www.violaspolin.org/bio.

1.　Tim Arnold, *The Power of Healthy Tension: Overcome Chronic Issues and Conflicting Values* (Amherst, MA: HRD Press, 2017), 13.

1.　Bob Goff, *Love Does: Discover a Secretly Incredible Life in an Ordinary World* (Nashville: Thomas Nelson, 2012).

2.　Dan Heath, *Upstream: The Quest to Solve Problems Before They Happen* (New York: Bantam, 2020).

3.　Daniel H. Pink, *Drive: The Surprising Truth About What Motivates Us* (New York: Riverhead Books, 2009).

4.　"About," LeBron James Family Foundation, accessed October 29, 2021, https://www.lebronjamesfamilyfoundation.org/about/.

5.　Erica L. Green, "LeBron James Opened a School That Was Considered an Experiment: It's Showing Promise," *New York Times*, April 12, 2019, https://www.nytimes.com/2019/04/12/education/lebron-james-school-ohio.html.

1.　Jordan B. Peterson, *12 Rules for Life: An Antidote to Chaos* (Toronto: Random House Canada, 2018), 45.

2.　Peterson, *12 Rules for Life*, 53.

3.　"Social Status Is Hard-Wired into the Brain, Study Shows," PBS News Hour, April 25, 2008, https://www.pbs.org/newshour/science/science-jan-june08-status_04-25.

4.　Caroline F. Zink et al., "Know Your Place: Neural Processing of Social Hierarchy in Humans," *Neuron 58*, no. 2 (April 24, 2008): 273–83, https://www.ncbi.nlm.nih.gov/pmc/articles/PMC2430590/.

5.　Zink et al., "Know Your Place."

6.　Liz Mineo, "Good Genes Are Nice, but Joy Is Better," *Harvard Gazette*, April 11, 2017, https://news.harvard.edu/gazette/story/2017/04/over-nearly-80-years-harvard-study-has-been-showing-how-to-live-a-healthy-and-happy-life/.

7.   Mineo, "Good Genes Are Nice."

8.   "Social Status Is Hard-Wired into the Brain."

9.   Robert Waldinger, "What Makes a Good Life? Life Lessons from the Longest Study on Happiness," TEDxBeaconStreet, November 2015, video, 5:49, https://www.ted.com/talks/robert_waldinger_what_makes_a_good_life_lessons_from_the_longest_study_on_happiness/transcript.

10.   Adam Grant, *Give and Take: A Revolutionary Approach to Success* (New York: Viking, 2013), 4.

11.   Grant, *Give and Take*, 15–16.

···   **5장**   인정이란 무엇인가?

1.   Oprah Winfrey, *The Wisdom of Sundays: Life-Changing Insights from Super Soul Conversations* (New York: Flatiron Books, 2017), Kindle loc. 176.

2.   "Dan Heath—How to Create Powerful Moments for the People You Serve," January 15, 2018, in *Business Made Simple with Donald Miller*, podcast, https://podcasts.apple.com/us/podcast/79-dan-heath-how-to-create-powerful-moments-for-people/id1092751338?i=1000399879627&mt=2.

3.   Indra Nooyi, "PepsiCo CEO: I Write Letters to Parents of My Executives," Bloomberg Quicktake, December 7, 2016, YouTube video, https://www.youtube.com/watch?v=hKaoQpG29RQ.

4.   Chris Hedges, *Empire of Illusion: The End of Literacy and the Triumph of Spectacle* (New York: Nation Books, 2009), 22.

···   **6장**   한 번에 한 인생씩

1.   Jon Acuff, *Soundtracks: The Surprising Solution to Overthinking* (Grand Rapids, MI: Baker Books, 2021).

2.   Guy Raz, "How I Built This," NPR, February 11, 2019, https://www.npr.org/2019/02/08/692781997/toms-blake-mycoskie.

3. Raz, "How I Built This."

4. "A Single Candle Cuts Through the Darkest Night," Thistle Farms, accessed October 29, 2021, https://thistlefarms.org/pages/our-mission.

5. Regina, "How Love Heals," Thistle Farms, video, 1:05, accessed October 29, 2021, https://thistlefarms.org/pages/our-mission.

6. Becca Stevens, "How Love Heals," Thistle Farms, video, 1:25, accessed October 29, 2021, https://thistlefarms.org/pages/our-mission.

7. Jennifer Clinger, *Delivered: The Fragmented Memories of a Former Streetwalker* (Scotts Valley, CA: CreateSpace, 2018), 16.

8. Clinger, *Delivered*, 15.

9. Becca Stevens, *Love Heals* (Nashville: Thomas Nelson, 2017), 2.

10. "Tattoos, Balding, and Window Seats—Drew Holcomb," September 2020, in *Dadville with Dave Barnes and Jon McLaughlin*, podcast, https://podcasts.apple.com/us/podcast/tattoos-balding-and-window-seats-drew-holcomb/id1517698133?i=1000492919870.

11. Drew Holcomb, "Legacy of Jay" (senior thesis, University of Tennessee, Knoxville, 2003), 158, https://trace.tennessee.edu/cgi/viewcontent.cgi?article=1025&context=utk_interstp3.

··· **7장**　　　　　　　　　　　　　　문제로 여기는 순간, 진짜 문제가 된다

1. "About Fred Rogers," Mister Rogers' Neighborhood (website), accessed November 5, 2021, https://www.misterrogers.org/about-fred-rogers/.

2. Lin-Manuel Miranda, "My Shot," *Hamilton: An American Musical*, 2015.

3. "Some Words from Artists," Porter's Call, accessed November 5, 2021, https://www.porterscall.com/words-from-artists.

··· **8장**　　　　　　　　　　　　　　　　　　　　핵심에 집중하라

1. Michael Brody-Waite, "Great Leaders Do What Drug Addicts Do," TEDxNashville, March 2018, video,https://www.ted.com/talks/michael_brody_waite_great_leaders_do_what_drug_addicts_do?language=en.

2. Brody-Waite, "Great Leaders Do What Drug Addicts Do."

3. Chris McChesney, Sean Covey, and Jim Huling, *The 4 Disciplines of Execution: Achieving Your Wildly Important Goals* (New York: Free Press, 2012), 62–63.

4. "Inside a NASCAR Pit Crew at the Daytona 500," theCHIVE, March 21, 2017, YouTube video, https://www.youtube.com/watch?v=U1uXtNQEdwU.

5. "Changing the Game of Baseball," Savannah Bananas (website), accessed November 5,2021, https://thesavannahbananas.com/banana-ball-rules/.

6. Annie F. Downs, That Sounds Fun: *The Joys of Being an Amateur, the Power of Falling in Love, and Why You Need a Hobby* (Grand Rapids, MI: Revell, 2021), 43.

7. Merriam-Webster Online, s.v. "amateur," accessed November 5, 2021, https://www.merriam-webster.com/dictionary/amateur.

8. Jim Clifton, "The World's Broken Workplace," *Chairman's* Blog, Gallup, June 13, 2017, https://news.gallup.com/opinion/chairman/212045/world-broken-workplace.aspx.

9. Donald Miller, *Scary Close: Dropping the Act and Finding True Intimacy* (Nashville: Nelson Books, 2014).

···　**9장**　　　　　　　　　　　　　　지나온 시간이 실패는 아니다

---

1. Donald Miller, *A Million Miles in a Thousand Years: What I Learned While Editing My Life* (Nashville: Thomas Nelson, 2009), 48.

2. Scott Hamilton, "Make It Count: Scott Hamilton Discusses His Cancer Journey," Cure Today, June 6,2020, https://www.curetoday.com/view/make-it-count-scott-hamilton-discusses-his-cancer-journey.

3. Scott Hamilton, *Finish First: Winning Changes Everything* (Nashville: W Publishing, 2018), Kindle loc. 1049.

4. Lanny Bassham, *With Winning in Mind*, 3rd ed. (Flower Mound, TX: Mental Management Systems, 2011).

5. Ben Crane, conversation with author, August 8, 2016.

6. Hamilton, *Finish First*, Kindle loc. 1076.

7. Blake Mycoskie, "Lesson No. 2: Find Opportunity in Challenges," Next Steps (newsletter), accessed November 5, 2021, https://nextsteps.blakemycoskie.com/lesson/no-2-find-opportunity-in-challenges.

8.   Hamilton, *Finish First*, Kindle loc. 1299.

1.   "Alyssa Mastromonaco," Council for Advancement and Support of Education, accessed November 8, 2021, https://www.case.org/node/8022.

2.   "Alyssa Mastromonaco, Former White House Deputy Chief of Staff," Into the Gloss, accessed November 8, 2021, https://intothegloss.com/2019/03/alyssa-mastromonaco-interview/.

3.   Alyssa Mastromonaco, *Who Thought This Was a Good Idea?: And Other Questions You Should Have Answers to When You Work in the White House* (New York: Twelve, 2017), 130.

4.   Mastromonaco, *Who Thought This Was a Good Idea?*, 176.

5.   Tim Cook, "Apple Watch: Will It Revolutionize the Personal Device?," interview by David Muir, *Nightline*, ABC, September 10, 2014, YouTube video, https://youtube.com/watch?v=4QUpQC4zrhU.

6.   Ronald Reagan, "Remarks at a Meeting of the White House Conference for a Drug Free America," February 29, 1988, Reagan Quotes and Speeches, Ronald Reagan Presidential Foundation, https://www.reaganfoundation.org/ronald-reagan/reagan-quotes-speeches/remarks-at-a-meeting-of-the-white-house-conference-for-a-drug-free-america/.

7.   John Donne, "Devotions upon Emergent Occasions," Meditation 17 (1624), in *The Works of John Donne*, ed. Henry Alford, vol. 3 (London: Parker, 1839), http://www.luminarium.org/sevenlit/donne/meditation17.php.

8.   Sarah (@sarahbible), Instagram, May 9, 2021, https://www.instagram.com/p/COrQLcwhPt0/.

9.   Gertrude Stein, *Everybody's Autobiography* (New York: Random House, 1937), 289.

1.   Jason Strand, "I'm Tired," sermon, March 14, 2021, in *Eagle Brook Church Podcast*, https://eaglebrookchurch.com/media/past-messages/im-tired/.

2.   Laurie Ball-Gisch, "Prevent Sheep Bloat by Managing Your Flock: Bloat in Sheep Can

Be Deadly," *Countryside*, September 27, 2021, https://www.iamcountryside.com/sheep/prevent-sheep-bloat/.

3. "Michael Hyatt—Can You Grow Your Business Working Six Hour Days?" March 29, 2021, in *Business Made Simple with Donald Miller*, podcast, https://podcasts.apple.com/us/podcast/michael-hyatt-can-you-grow-your-business-working-six/id1092751338?i=1000514837610.

4. "Twitter in Plain English," Common Craft, March 5, 2008, YouTube video, https://www.youtube.com/watch?v=ddO9idmax0o.

5. "Google Docs in Plain English," Common Craft, October 19, 2007, YouTube video, https://www.youtube.com/watch?v=muVUA-sKcc4.

6. Lee LeFever, conversation with author, May 20, 2021.

7. Andrew Ripp (@andrewripp), "Jericho is officially a #1 song, folks," Instagram photo, February 23, 2021, https://www.instagram.com/p/CLo-FL1Bqv7.

8. Gretchen Rubin, *The Happiness Project: Or, Why I Spent a Year Trying to Sing in the Morning, Clean My Closets, Fight Right, Read Aristotle, and Generally Have More Fun* (New York: Harper, 2009).

··· **12장**   어떤 마지막을 기대하는가?

1. Allan Heinberg, conversation with author, March 6, 2021.

2. "Ernie Johnson—3 Life Lessons That Will Inspire You to Slow Down and Live Differently," May 2017, *in Business Made Simple with Donald Miller*, podcast, http://buildingastorybrand.com/episode-44/.

3. "Ernie Johnson Shares His Cancer Story," Athletes in Action USA, March 13, 2007, YouTube video, https://youtube.com/watch?v=ud-b8iCm2oE.

4. "Ernie Johnson—3 Life Lessons That Will Inspire You."

5. "Ernie Johnson—3 Life Lessons That Will Inspire You."

6. Alan Mulally and Rik Kirkland, "Leading in the 21st Century: An Interview with Ford's Alan Mulally," McKinsey & Company, November 1, 2013, https://www.mckinsey.com/business-functions/strategy-and-corporate-finance/our-insights/leading-in-the-21st-century-an-interview-with-fords-alan-mulally#.

7. Mulally and Kirkland, "Leading in the 21st Century."

8. "Built from All the Right Materials," Home Depot, accessed November 8, 2021, https:// corporate.homedepot.com/about.

9. Allan Heinberg, conversation with author, March 6, 2021.

10. Allan Heinberg, conversation with author, May 23, 2019.

11. Steve Perisho, "Schweitzer on Service," *Liber Locorum Communium*(blog), October 25, 2010, http://liberlocorumcommunium.blogspot.com/2010/10/schweitzer- on- service.html; quoted from Albert Schweitzer, "The Meaning of Ideals in Life," speech, Silcoates School, Wakefield, England, December 3, 1935.

··· 부록   삶을 바꾸는 열두 가지 도구들

1. Koula Callahan, conversation with the author, May 20, 2021.

내가 위기에 빠질 때,

즉 스포트라이트 마인드셋에 사로잡힐 때면

시크릿 소사이어티에서 배운 도구와 마음가짐을

이용해 난관을 극복한다.

✦

팀 슈러
TIM SCHURRER

지은이　**팀 슈러**

팀 슈러는 이기는 팀을 꾸리는 데 무엇이 필요한지 아는 사람이다. 탐스와 애플에서 일했고, 이후 『무기가 되는 스토리』, 『되는 사람』의 저자 도널드 밀러와 손잡고 최고운영책임자로 10여 년간 일하며 비즈니스 컨설팅 기업 '스토리브랜드'와 기업 컨설팅 온라인 플랫폼 '비즈니스 메이드 심플'을 출시했다.

지금은 기업계 최고 지도자들을 인터뷰하는 팟캐스트 〈이기는 팀 꾸리기Build A Winning Team〉를 진행하면서 많은 이들에게 꼭 필요한 조언들을 제공하고 있다. 테네시주 내슈빌에서 아내 케이티, 두 아이와 함께 살고 있다.

옮긴이　**이은경**

연세대학교에서 영어영문학과 심리학을 공부하고 식품의약품안전처에서 영문 에디터로 근무했다. 번역이라는 새로운 영역에 매력을 느껴 바른번역 아카데미를 수료한 후 현재 바른번역 소속 번역가로 활동하고 있다. 『히든 스토리』, 『너의 마음에게』, 『매일 매일의 역사』, 『진정한 나로 살아갈 용기』, 『석세스 에이징』, 『인생을 바꾸는 생각들』, 『불평등 트라우마』, 『아무것도 하지 않는 하루 15분의 기적』, 『우리는 어떻게 마음을 움직이는가』, 『기후변화의 심리학』, 『슬픈 불멸주의자』, 『긍정의 재발견』, 『나와 마주서는 용기』 등을 우리말로 옮겼다.

성공의 속성

혼자 하는 게임이 아니다

펴낸날 초판 1쇄 2023년 3월 3일

지은이 팀 슈러

옮긴이 이은경

펴낸이 이주애, 홍영완

편집장 최혜리

편집3팀 이소연, 박주희, 강민우

편집 양혜영, 박효주, 김하영, 장종철, 문주영, 홍은비, 김혜원, 이정미

디자인 기조숙, 박아형, 김주연, 윤소정, 윤신혜

마케팅 김지윤, 최혜빈, 김태윤, 김미소, 정혜인

해외기획 정미현

경영지원 박소현

펴낸곳 (주)윌북 **출판등록** 제2006-000017호

주소 10881 경기도 파주시 광인사길 217

전화 031-955-3777 **팩스** 031-955-3778

홈페이지 willbookspub.com **전자우편** willbooks@naver.com

블로그 blog.naver.com/willbooks **포스트** post.naver.com/willbooks

페이스북 @willbooks **트위터** @onwillbooks **인스타그램** @willbooks_pub

ISBN 979-11-5581-578-6 03320